現代国家の正統性と危機

木村靖二
中野隆生
中嶋毅
編

山川出版社

現代国家の正統性と危機　目次

現代国家の正統性と危機

序章

現代国家の正統性を問う

中野隆生

世界の現状

二十世紀は歴史のかなたに過ぎ去った。激動の連続であった一世紀は、その最終章にいたっても、ソ連・東欧社会主義圏の崩壊、急速なグローバル化の進行など、耳目をそばだたせる出来事や状況に事欠かなかった。こうした激変が続くうちに、かつて国際社会の次元でも日常生活のなかでも揺るぎない位置を占めていた国民を単位とする国家が、明確に対象化されて、批判的な視線をそそがれ、その限界さえも語られるようになった。しかし、そうした国家が依然として重みを有し続けているのも否定しがたい事実である。

このような現状認識に立ちながら、二〇〇一年五月、東京都立大学で開催された日本西洋史学会第五一回大会において、「現代国家の正統性と危機」と題したシンポジウムが組織された。本書はこのシンポジウムをベースとしている。その後、同年九月にはニューヨークの世界貿易センタービルを破壊した同時多発テロがおき、対テロ報復を掲げてアメリカ合衆国によるアフガニスタン空爆が強行されたことは記憶に新しい。世界中にきな臭い空気が漂い、かつてない相貌をみせはじめている今日、国家のあり方を問い直す試みはいよいよ重要性を増してきたようにも思われる。ところで、多くの場合そうであるように、今回のシンポジウムでも、前提として一定の了解が共有されていた。国家をめぐる基本的認識を整理しつつ、この点を提示することが序章のめざすところである。

国家の社会史

改めて国家に関心が向かう理由の一つが、世界のおかれた現状にあることはすでに指摘したが、そうした社会情勢と連動しながら、歴史学上の視角や方法の刷新が進んだことも忘れてはならない。ここで歴史学の刷新とは、社会史的研究の浸透にともなって生じた歴史への眼差しの変化を意味しており、それが国家のとらえ方にも変化をうながしたのである。では、社会史的視角からする国家の見方とは、どういったものであろうか。

まず、国家は社会的文脈に位置づけられ、一つのシステムとして把握される。国家をめぐって、さまざまな制度や手法、実際に果たされる諸機能、そこにかかわる人々の実態などが明らかにされるが、その際、国家はあくまでも一社会組織とみなされている。成瀬治にならってピエール・グーベールの言を借りるならば、「国家の諸制度は他のいろいろな制度と同列のもの」でしかなく、ただ「他の諸制度を支配しようと欲し、また、武力をもちいながら、少しずつでも何とかよりよく支配しようとする」という独自性をもつのである[Goubert 1973: 6]。こうして、人々の経済的・社会的・文化的生活や多種多様な社会集団に目配りしつつ、かつまた、人々の願望・行動・知を視野におさめながら、国家をめぐる理念、社会集団、制度などを包み込んだ綜合化が要請される。逆の角度から、社会や文化などのあり方をたずねるなら、国家への論及を避けがたいといってもいいだろう。

近代国家の生成

このところ近代国家の誕生や形成をめぐって関心の高まりがみられる。たとえば、近代における市民のような自律的個人が参加する社会を念頭におきながら、地域や国によっては、十三世紀半ばまでさかのぼって検討する研究プロジェクトも進行している[Genet 1997]。しかし、一般には、十六世紀のヨーロッパに形成されてくる国家をもって近代国家と考えられているといえよう。ここでは、近代国家をめぐる見解に少なからぬ偏差があることをおさえたうえで、近代国家がどのように描かれているかを整理してみよう。

近代国家は、ヨーロッパにおける国際的対抗関係のなかで形成され、お互いに承認しあうようになった。これらの国家は、人的結合に基礎をおいていた中世的国家とは異なり、一定の広がりをもつ領域への支配権を認められた領域主権国家であった。官僚制などの装置を介して支配・統治が実現される制度的国家でもあり、物質的基盤として公的税制をつくりあげていった。代議制、宮廷活動、儀礼、司法などを介して、国家とのあいだに交渉関係を切り結んで、国家の行く末に参与する人々は徐々に増加したが、つねに物質的な基盤にかかわる人々よりも狭い範囲にとどまっていた。また、それぞれの事情のもとにある社会にそくして多様な人々をまとめあげ、領域的な支配・統治を展開したことから、それに応じて、国家を支える理念や表象が必要とされた。フランス絶対王政を例にとるならば、王権神授説によって王に聖性を付与し、王を中核にした象徴体系を整備することで、王権による支配が根拠づけられ、そうした王に体現された国家の正統性は、空間や職能に基づく諸社団を媒介にしつつ、領土全体に浸透するはずであった。通例、このような国家像を歴史的前提として、次に言及する国民国家はとらえられる。

国民国家

とりわけフランス革命を契機にして、国家の支配・統治する領域は均質化され、統一的な公的税制が敷かれていった。こうした事態に、政治にかかわる人々の範囲も対応すべきであるとされ、すべての住民が平等な個人的資格において参画する方向で、議会民主制、行政官僚制などを整える努力が重ねられた。ここに、国民の合意によって根拠づけられる国民国家モデルが明確に姿をあらわした。もっとも、どの時点でどのようにして国民のまとまりやそれに基づく国家が生成したかをめぐっては、地域や国によって異なり、決定的な説明があるわけではない。フランス革命では国民に絶対的な価値が付与されたという指摘、国民とは出版言語の普及などを背景に形成される想像の共同体であるという説、国家に主導されて国民がつくられるという見方、さらにはロシア、オーストリア（ハプスブルク）などの帝国における多元主義的統合を再評価する動き、あるいはまた、記憶と歴史をめぐる諸研究等々を踏まえて検討が重ねられていくであろう。

十九世紀にはいると、資本主義経済の発達を背景にして自由主義的法制度がブルジョワジーの主導のもとに整備され、科学的知の発達や教育制度の充実もあって、物質的にも精神的にも明確な「進歩」が実現した。しかしながら、経済、社会、文化など諸次元における階層的な相違はなかなか消えず、歴史の痕跡を色濃くとどめた諸国の実態はきわめて多様なままでありつづけた。国民国家のモデルを提供したフランスにおいても、名望家の社会的影響力に依存しながら、制限選挙をとおして人々の合意がとりつけられ、その一方で、国民的アイデンティティを創出しようと、国家による社会への働きかけがおこなわれた。

こうした流れは、一八七〇年代以降、国際舞台において諸列強が拮抗しあう情勢が現出するに及んで、君主政、共和政といった体制の相違をこえて、加速度的に強まった。国民的統一を実現したヨーロッパ諸国家を念頭におきながら、いま少し具体的局面に立ちいってみよう。

まず、いまだ男子にかぎられてはいたが、普通選挙ないしそれに近い広がりをもつ政治参加制度が導入され、階層差をこえた大衆政治状況が現実のものとなった。また、人々の日常生活にかかわって、家族、労働、教育、福祉などにかんする諸立法が相次いで成立し、社会生活を左右するにいたった。これらと呼応しながら、祝日や国歌の制定などの制定、国民的な儀礼の整備が進められ、国民の結集にかかわる記念碑が数多く建立された。さらに、国民国家の形成・発展を叙述する歴史学やその領土的広がりを根拠づける地理学など、国民的連帯を根底において支える知的・学問的権威が確立した。それぞれの特殊事情を抱えながら、国民統合がかつてないほど強力かつ重層的に推し進められたのである。

以上のように、二十世紀をむかえるころには、さまざまなレヴェルにおいて、国民としてのアイデンティティと連帯を強化しながら、国民からの協力、服従、忠誠をとりつけ、自らの支配・統治の正統性を確保することが、国家およびその指導者にとって決定的な重要性をおびるようになった。やがて、このような諸国間の利害対立が先鋭化し、国民をあげて戦うべき第一次世界大戦へ結びついたのである。ここに、いよいよ「短い二十世紀」(ホブズボーム)の幕があがる。

二十世紀の国家

最終的には二十世紀を全体的に把握することが、本書にあっては、多かれ少なかれ意識されている。国家をとりあげるのは二十世紀を考えるためであり、国家の正統性に焦点をあわせるのは、国家をとらえる視角ないし手掛かりとして有効であると判断したからである。二十世紀の国家をめぐっては、以下の諸論考のなかでさまざまな角度から光があてられるが、ここでは二、三の点にかぎって言及しておきたい。

最初に、総力戦であった第一次世界大戦と、そのもとで具体化した戦時体制にふれなければならないだろう。帝国主義時代におけるイギリス、フランスなど西欧諸列強の覇権が第一次世界大戦を機に崩壊し、新たな段階へ突入するとはしばしば語られるが、その際、戦争を遂行するための国内体制が平和回復ののちも維持された。むしろ、国民総動員をはかる体制は、経済活動を組織化し、社会福祉を充実させることで、ことさらに強化されたといえるかもしれない。少なくともヨーロッパにおいて、不断に戦争を意識する国民国家が国際秩序の単位をなす事態が生まれたのである。

こうした二十世紀の国家の特質を、基本的にはアメリカ合衆国やソ連も共有していたと考えられる。ファシズム、ナチズムをめぐっても、国民的ないし民族的なアイデンティティに基づいて、社会の近代化や組織化が推し進められたという角度から論じられることが少なくない。かつてなら、自由主義、社会主義といった体制の相違や諸国の担わざるをえない歴史的固有性が強調されたが、現在では、近代化を進める国民国家という観点を踏まえて、共通の土俵で検討される傾向にある。法制度としては、第二次世界大戦後に確立した福祉国家(あるいは社会国家)への関心が、西欧を中心にして高まっているのも、こうした研究上の流れと密接に関連しているといってよかろう。

さて、とりわけソ連・東欧の社会主義圏の崩壊を受けて、国民国家の限界を指摘する議論が、グローバル化の進行を視界におさめながら、広く展開されるようになった。こうした議論が広くおこなわれることで、国家は文字どおり相対化され、本書のごとき試みも可能になったのである。

多様な問い

改めて二十世紀を振り返ってみよう。すると、一九一四年に始まる第一次世界大戦、四四年に終わる第二次世界大戦、七三年のオイル・ショックに端を発する石油危機、八九年のソ連・東欧圏の崩壊ないし冷戦の終結といったところで、大きく時期区分することができよう。こうした時期区分を踏まえて、二十世紀の国家を展望するとすれば、四四年から七三年までの冷戦の前半期を中核において検討するのが一番適当であるように思われる。それは、核戦争の恐怖をはらんだ国際的緊張が続く一方で、先進諸国において経済的発展と社会的繁栄が実現した黄金期であった。また、微妙な政治的・軍事的均衡のなかで欧米諸国をはじめ東西両陣営の国家がそれなりの安定を保ってみえた時代でもあった。むろん、いま限界や変質が語られる国家はその延長上に位置している。この三〇年間(第二次世界大戦終了からオイル・ショックまで)の国家をさしあたり「現代国家」としよう。そのうえで現代国家の正統性を問う、これが本書の基本的な了解である。

冷戦期における世界秩序は、原理的にいって、国民国家を基礎として構築され、一つひとつの国家は、そのなかに固有の条件を担いながら位置を定めていた。国際連合をはじめとした諸機関が整備されて一定の役割を果たし、国際的ルールのゆえに国家主権が制約されることも少なくなかった。また、とりわけ西ヨーロッパで地域統合が一進一退を繰り返しながら前進し、ときには超国家的共同体の構想が語られもした。こうした国際的諸条件は、現代国家の正統性を検討するとき、十分に踏まえられなければならない。

それぞれの国内事情に目を移せば、イギリスなど一部の国々で先行して採用されていた女性参政権がより一般化し、国民的規模で福祉制度が整備されるなど、一定の共通性をもつ現象が展開した。むろん、反面では、歴史的与件や国際的位置のゆえに、政治的な制度・システム、軍隊や警察などの公的統治機関、経済活動の展開、あるいは民族問題、地域主義など、まことに偏差に満ちた現実が広がっていた。こうした国内の社会的現実を無視して、国家が正統性をとりつけることはまったく不可能である。

はたして、現代国家の正統性はどのように確保されたのだろうか。あるいは確保されなかったのだろうか。それにかかわって、理念やイデオロギー、経済や社会にかんする諸施策、多種多様な祭典といった国家の携わる要件のどこに、とりわけ重心がおかれたのだろうか。また、今、国家をめぐって限界や変質が語られるとき、そこで問われているのは、現代国家なのだろうか。近代国家や国民国家の根拠も揺れているのだろうか。国際的・国内的諸条件を具体的に把握したうえで、多角的な問いが自由に発されなければならない。

本書の構成

既述のように、西洋史学会におけるシンポジウムに基づいて、本書は編まれている。すなわち、紀平英作、渡辺和行、石井規衛による主報告、これらをめぐる石原俊時、新井政美のコメント、そして辻豊治と小谷汪之の寄稿を軸に、編者の手になる序章、補論、終章が書き加えられているのである。

アメリカ合衆国を扱う紀平論文は、圧倒的な軍事力・経済力・政治力を誇った覇権国家の正統性を、国民国家秩序を擁護しながら、非公式帝国としての世界的ヘゲモニーを追求しつづけるという二重性のなかにみようとする。イギリスと並ぶ「古典的な」近代国家フランスについて、渡辺論文は、外国人の峻別という点で一貫していたというが、補論もあわせ参照していただければ、普遍的原理を掲げつつ、国民的であろうとした国家における模索の様相がみえてこよう。大国ではないものの独自の西欧的な現代国家像を提示したスウェーデンをめぐって、石原論文は、やはり内外の諸情勢とのかかわりにおいて国家の正統性を論じる。また、アメリカと対峙した、もう一つの超大国ソ連については、石井論文が、成立当初から演劇的振舞いを強いられたという観点から、国家の正統性を長期的、統一的にとらえ返そうとする。国家と社会を多角的に照射する中嶋毅の補論によって、より立体的な見通しが与えられるに違いない。

長くイスラムに国家の正統性を求めてきたトルコにかんして、新井論文は、アメリカに接近し西側に属するなかで国民国家を志向したからこそ抱えこんだ深刻な矛盾を析出する。つづく辻論文からは、アメリカ合衆国の圧倒的な影響力のもとで、また近年ではグローバル化に翻弄されながら、ラテンアメリカ諸国が安定した正統性を確立しえない事態が明らかになろう。二十世紀前半にほとんどの紙幅を割いてインド帝国を論じる小谷論文は、植民地支配（植民地国家）においても、被支配社会に適合した支配の正当化が模索されたこと、しかも、その施策が独立後にまで禍根を残したことを指摘する。ここでは、植民地支配に系統的正しさはありえなかったとして、正当性という言葉が意識的にもちいられていることに注意してほしい。これら三つの論考からは、欧米諸国とは異なる質をおびた国家のあり方が映しだされるはずである。

このように、以下の諸論考では、さまざまな条件のもとにあった現代国家の正統性（あるいは正当性）が検討される。いずれも、冷戦の終焉とともに一挙に加速化したかにみえるグローバル化と、明確に認識されるにいたった国家の限界ないし危機を念頭におきながら、第二次世界大戦後の時期に比重を認めつつ、二十世紀を歴史的に見通そうという挑戦的な試みである。そうした試みを踏まえて、かつまた、その後の思索に立脚しながら、終章の木村論文は、二十世紀における国家の変遷を改めて展望しようとする。そこでは、シンポジウムにおける了解にも修正が加えられており、七〇年代以降の変動のなかから現代国家は立ち現れてくると主張されている。はたして、この見取り図が正鵠《せいこく》を射ているかどうか、その正否は読者の判断そして今後の研究にゆだねることにしたい。

参考文献

ベネディクト・アンダーソン、白石隆・白石さや訳『想像の共同体』リブロポート、一九八七年（増補改訂版、NTT出版、一九九七年）。

柴田三千雄『近代社会と民衆運動』岩波書店、一九八三年。

高澤紀恵『主権国家体制の成立』山川出版社、一九九七年。

成瀬治『絶対主義社会と身分制国家』山川出版社、一九八八年。

二宮宏之『全体を見る眼と歴史家たち』木鐸社、一九八六年。

エリック・ホブズボーム、河合秀和訳『20世紀の歴史――極端な時代』（上）（下）、三省堂、一九九六年。

エリック・ホブズボーム、河合秀和訳『21世紀の肖像』三省堂、二〇〇〇年。

エリック・ホブズボウム、テレンス・レンジャー編、前川啓治・梶原景昭他訳『創られた伝統』紀伊國屋書店、一九九二年。

山之内靖、ヴィクター・コシュマン、成田龍一編『総力戦と現代化』柏書房、一九九五年。

ゲアハルト・A・リッター、木谷勤他訳『社会国家』晃洋書房、一九九三年。

歴史学研究会編『国民国家を問う』青木書店、一九九四年。

Caron, Jean-Claude, *La nation, l'État et la démocratie en France de 1789 à 1914*, Paris, Armand Colin, 1995.

Constant, Jean-Marie, *Naissance des États modernes*, Paris, Belin, 2000.

"La construction de l'État, 14e–18e siècles", *Annales. Histoire, Sciences sociales*, 52e année no.2, 1997.

Fogel, Michèle, *L'État dans la France moderne de la fin du XVe au milieu du XVIIIe siècle*, nouvelle édition, Paris, Hachette, 2000.

Nora, Pierre, *Les lieux de mémoire*, 7 vols., Paris, Gallimard, 1984–1992.（谷川稔監訳『記憶の場』として抄訳の刊行

が予定されている)
Genet, Jean–Philippe, "La genèse de l'État moderne. Les enjeux d'un programme de recherche", *Actes de la recherche en sciences sociales*, no.118, 1997.
Goubert, Pierre, *L'Ancien régime 2 : les pouvoirs*, Paris, Armand Colin, 1973.
Rosanvallon, Pierre, *L'État en France de 1789 à nos jours*, Paris, Seuil, 1990.
Thiesse, Anne–Marie, *La création des identités nationales. Europe XVIII*^{e}*–XX*^{e} *siècle*, Paris, Seuil, 1999.
Vavasseur–Desperriers, Jean, *La nation, l'État et la démocratie en France au 20*^{e} *siècle*, Paris, Armand Colin, 2000.

I

国民国家と帝国のはざま

展開する二十世紀アメリカ合衆国国家

紀平英作

1　画期としての第二次世界大戦

絶大な力

アメリカ合衆国が、歴史上最も熾烈な総力戦であった第二次世界大戦を、戦時下に国民総生産が一・八倍に増加するという、他のどの国にもない爆発的な経済膨張を示しつつ勝ちぬいた事実、その事実が二十世紀のアメリカ社会さらには世界史にもった意義はすこぶる大きい。大戦直後のアメリカの経済力は、一国の力としておそらく歴史上前例がないほど絶大であった。大戦終結の翌年である一九四六年、合衆国の鉱工業生産は資本主義世界の六二％に及び、四七年の金保有額二二九億ドルは、世界全体の六六％に達した。

総力戦によって蓄積されたアメリカのこの巨大な経済力、さらにはヨーロッパおよび東アジアの対抗勢力を決定的に屈服させた軍事力は、以後のドイツおよび日本にたいする占領というかたちをとって、その後の世界に大きな影響を及ぼすとともに、アメリカにも重要な転換をもたらすものとなった。四年にわたった大戦と、さらにその直後から始まったソ連との冷戦という時代をつなげて考えれば、大戦の転換点としての意義はいっそう明白であろう。一九五〇年代中葉まで世界の鉱工業生産の半分近くを握ったアメリカは、経済的側面ばかりか政治的・軍事的にも、対ドイツ、対日本占領政策を踏み台に、ヨーロッパから地中海・中東、東アジアに及ぶヘゲモニーを主張しようとする、独自の世界政策を展開しはじめていた。軍事的実力は核能力が象徴するように、対ソ連を除けば圧倒的であった。そこに形成された国際秩序の体系を、本論では国民国家秩序と重なり合う帝国的秩序と呼び、その帝国的秩序の中軸をアメリカ帝国と呼ぶが、そのように理解することの妥当性をあらかじめ簡単に議論しておきたい。

帝国と呼ぶことの妥当性

第二次世界大戦後の世界は、総体としてみれば帝国的秩序とは正反対の国民国家の再建、またその拡大に向かう時代であった。この点を否定する歴史叙述はもとより妥当性を欠こう。

一九四五年から七〇年代初めまで、冷戦前期の世界史の基本潮流は、ヨーロッパ諸国が国民国家の再建をめざしたように、さらにはアジア・アフリカにおける反植民地運動が独立をめざしたように、十九世紀後半からの帝国主義的世界秩序を解体し、それにかわる国民国家を基礎単位とする世界秩序の再編が、決定的に進んだ時代であった。第二次世界大戦期、連合国が、ファシズムの侵略を克服する原理として提示した基礎的文書が、一九四一年八月の大西洋憲章であった事実はよく知られるが、その大西洋憲章諸原則については、二十世紀半ばから後半にいたる歴史潮流のあるパラドクスが、絡まりついている。憲章が、戦後帝国化するアメリカと、さらに帝国主義時代の最大のヘゲモニー国家であったイギリスの手によって作成された文書であったからにほかならない。一九四一年、イギリス首相ウィンストン・チャーチルが大西洋憲章への署名にあたり、自らがもつ植民地の解放を全く考えていなかったことはよく知られる。しかし、憲章がうたう民族自決原則は、そのイギリスの意図に反して大戦中から噴き出しつつあったアジア地域の反植民地運動を刺激し、第二次大戦後の国際秩序の再編を決定的に基礎づける中心文書へと転化していった。大戦以後もアフリカ、マラヤ、さらには中東の権益保持をもくろんだイギリス帝国の思惑は、一九五〇年代後半までには明確に挫折したが、それを推し進めた力が、憲章にうたわれた民族自決原則、国民国家を基礎とした世界秩序の再編の動きであったことは、やはり歴史のパラドクスというほかない。

しかし、以上の点を確かな事実と確認したうえであれば、またわれわれはつぎの現実にも理解を広げねばならないであろう。第二次世界大戦後の世界秩序の再編原理をたんに国民国家を中心とした変化とのみとらえるのでは、戦後世界のおよそ表の事実しか説明し得ない。なるほど、戦後、帝国主義的植民地秩序は解体したが、植民地という特定の歴史的時期にみられた政治支配形態の後退は、それだけでは帝国的秩序の完全な消滅を意味しなかった。「植民地なき帝国」、言葉を換えれば非公式帝国と呼んでよい新たな帝国の形成が、実のところ第二次大戦以後、国民国家単位の世界秩序の再編が進むなかで、それと重なり合いながら台頭していた。私がいう、アメリカ帝国とはそのような姿をとる帝国であった。

第二次世界大戦以後、一九七〇年代前半にいたる世界において、アメリカの経済的優位は圧倒的であった。しかし、たんに経済的に有力であったというだけでは、それを帝国と呼ぶことは歴史的にみて妥当でないであろう。戦後アメリカが、世界規模の国民国家構造のうえに、その構造と明確に違和感をはらみつつ、覆いかぶさる独特の帝国的姿態をもったというとき、実体的内容はいま少し具体的に指摘されねばならない。とくに以下に述べる三点が重要のように思える。

アメリカ帝国の基盤を支えた第一の力は、意外に古めかしい古典的な力であった。他者を圧倒するほどの軍事力、しかもその軍事力を機動的に保持し、世界に絶えず影響を与えるために、世界大に基地を張りめぐらせた恒常的海外基地網の整備が、それであった。

第二次世界大戦をはさんだ前後のアメリカを比較するとき、戦前のアメリカがまぎれもない軽軍備国家であったのにたいし、戦後、半恒常的な重装備の軍事国家へと転換した事実は、国家としてのアメリカをみるうえで決定的に重要な変化といってよかった。その起点は大戦中からの戦後構想にあった。すでに大戦中からアメリカは、大西洋さらに太平洋の島嶼地域に海外基地を確保し、ヨーロッパあるいはアジアにおいて起こる戦後の政治的変動に敏感に対処できる軍事構想を描いた。一九四七年、冷戦の開始・進行とともにその構想には、たとえばヨーロッパ大陸部にも軍事基地を確保するという、新しい要素が加わった。東アジアの拠点として、沖縄ばかりか、日本本土に基地を確保することを決断するのも、その二、三年後であった。そうした変化をへて一九五〇年代中頃までには、二十世紀後半に向けてのアメリカ帝国の軍事的姿態が形成された。ヨーロッパではイギリス、西ドイツ、イタリアからトルコ、さらに大西洋を防衛するという意味でアイスランドという、ヨーロッパ中心部での政変にただちに対応する軍事基地が設営され、他方、アジアでは、日本からフィリピンへと、アジア大陸東岸地域をなめるように軍事基地網が整備された。重要なことは、この時点で大西洋ばかりか、太平洋もまた「アメリカの内海」と化した点であったろう。この海上の途《みち》を中心に整備された軍事基地網が、ユーラシア大陸の沿岸部に強力なアメリカ勢力圏をつくりだすことによって、「植民地」をもたないにもかかわらず戦後のアメリカを世界大の帝国とした、その事実は疑いなかった。

他方、経済力の圧倒的優位は、それ自体として帝国の固有の指標ではなかったが、アメリカ帝国の軍事的・政治的影響力を世界大に維持する有力な財政的・金融的基盤であったという点では、やはり取り上げなければならない第二の要素であろう。アメリカの戦後世界秩序形成の第一歩がマーシャル・プランの採用という、かつてない規模の対ヨーロッパ経済援助計画から始まったことは、アメリカ帝国の経済的基盤の重要性をまずもって明示するものであった。しかし、戦後の世界経済秩序は、その経済援助によってのみ支えられたわけではなかった。援助の一方で、アメリカの経済的優位を持続的に保持する世界経済体制が、戦後構想の一環として早い時期からアメリカ自身の手で作成されたことは、経済力の保持こそが、アメリカ帝国の長期的目的の一つであったことを示している。

一九四四年七月ブレトン・ウッズで合意された国際復興開発銀行（いわゆる世界銀行）案、さらにはＩＭＦ

（国際通貨基金）設立案を基軸とした戦後世界経済秩序構想は、戦後そのままただちに適応されたわけではない。しかし、そこにおいて理念とされた貿易の自由化、多角主義は、アメリカが戦中から立案した世界構想の文字どおりの核心的内実であった。しかも、ことは自由な多角貿易の標榜だけにとどまらなかった。アメリカがめざしたものは、貿易多角主義に加え、為替交換をすべてドルに結びつけ、実質的に世界経済をドルでつかさどるドル体制であった。そのような思惑で構築されたドル体制は、アメリカの資本活動と製品輸出を世界大に幅広く拡大したばかりか、アメリカの帝国的軍事政治力とも結びついて、世界金融のあり方に二十世紀後半、革命的な変化を生み出していった。世界の資金が、安全な投資先を求めて合衆国にますます集まり、その世界大から集まる資金力をアメリカが戦略的に世界に供給することで、第三世界地域の財政と経済社会活動に強い影響力を及ぼすという、アメリカを継続的基軸においた新しい世界経済金融メカニズムが構築されたのである。ほとんどすべての自由主義国の経済活動が、主要な輸出先として、また資本の供給元としてアメリカの経済活動に依存していくその構造は、文字どおり帝国的構造といってよい権力関係を、アメリカと、とくに第三世界国家のあいだに持続化していった（そして今日もそうである）。

第二次世界大戦後のアメリカが世界にかかわるあり方を、帝国的関係を含んだものとして「植民地なき帝国」と理解する第三の要素は、一九四五年以降この帝国が、冷戦の緊張をてことして「自由主義諸国」に提唱した政治的同盟関係、あるいはそれらが高唱する、各国指導者間の国際的協力体制に見出すことができる。かかる政治同盟の関係は、第二次世界大戦直後の時期には主として国連をとおして追求され、部分的に国連がアメリカにとって不都合な場合に、一九四九年締結の北大西洋条約機構（ＮＡＴＯ）、あるいは五一年の日米安保条約のように、個別の軍事的同盟関係の形成というかたちで展開した。しかし、国連の存在がアメリカにとってしだいに影がうすくなる五〇年代中頃には、アメリカの対外関係の基本的枠組みは、明確に独自の同盟網の拡大、強化に向けられた。西半球での米州機構、東アジアでの日本、韓国、台湾とのあいだに個別に結ばれた同盟関係、さらには東南アジア条約機構、そして北大西洋条約機構は、世界的に張られた同盟ネットワークを構成するものであった。そのネットワークの持続を保障するかたちで、各国の政治指導者は合衆国政治機構、経済活動と、個人的にも集団的にも深い親近感あるいはかかわりをもっていった。それらが、アメリカ帝国の政治力、また軍事的基盤を補うものであった事実は、疑いない。

ひとまず、以上の議論を小括すれば、つぎのようにも考えうるであろう。

第二次世界大戦をとおしてアメリカは世界の潮流に棹《さお》さす国民国家原理の提唱者であるとともに、その世界状況に独特のヘゲモニーを主張しようとする帝国という、二重の顔をもつ国家（「二重国家」）として台頭した。帝国であることを可能としたのは、それが植民地をもたない、非公式影響圏帝国である事実にほかならなかった。非公式帝国は、アメリカの立場からすれば、帝国維持のコストを海外基地の整備程度にとどめることで、帝国主義期の植民地体制にくらべてはるかに安価なものとした。しかしそれ以上に、イデオロギー的・思想的な意味でアメリカは、国民国家体制の忠実な支持者であることを世界に喧伝する一方で、他国への強い影響力、いわゆるヘゲモニーを非可視的に行使することが可能であった。非公式帝国であることは、世界的な国民国家体制との矛盾を最小限にする国内外に向けてのアメリカの重要な戦略であったといってよく、アメリカが世界的に説く自由と民主主義の国際秩序は、そのようなアメリカ帝国の枠となじみあったところに成立した二十世紀後半の独特の国際体制であった。

払拭しがたいねじれ

ただし、そうしたアメリカの、国民国家秩序の擁護者である姿勢と、帝国的世界政策を自ら展開する二重性は、その内部に含む矛盾を実際のところ完全には消し得なかった。一方で、アメリカの帝国的姿態は、できうるかぎりの主権を主張しようとする国民国家秩序とつねに整合的ではあり得なかった。アメリカは自らのヘゲモニーを保持するために各地域の政権にしばしば介入し、独裁政権でも反共のために必要であればそれを支持する行動をとった。そうした内政干渉は、戦後、「二重国家」たるアメリカが運命的にもった、帝国と国民国家秩序のはざまに起こす、深刻なねじれといってよい問題であった。

他方、そのような直接的介入をあげずとも、深刻なねじれはなお避けがたかった。たとえばこうである。第二次世界大戦後のアメリカが国家としての正統性を自ら主張するとき、その主張の論拠は、子細にいえば、一方の帝国たる姿態と、他方、自らが内に整備する国民国家のあり方という、二重のあり方を根拠にするものであった。世界にヘゲモニーを行使する帝国アメリカが、国民にたいして、高い文明を背負った魅力ある指導的大国として説明された。しかも、その一方で国民国家としてのアメリカが、より統合力のある国内秩序の整備主体として説明された。帝国としてのアメリカの正統性の論理と、国民国家としての正統性は、内にも外にも、理念的には自由と民主主義の拡大という論理でさしあたりは一致していたかにみえた。しかし、現実にはアメリカ帝国が世界の多くの地域で独裁政権を支持し、さらには世界的に南北問題を悪化させる経済支配の構造をもったとすれば、民主的国民国家であることと帝国としての正統性には、やはり絶えず複雑なねじれがつきまとった。

あえていえば、そのような複雑なねじれを不可避的にかかえた特異な国家として、二十世紀中葉から後半における国家としてのアメリカの展開を跡づけ、またその展開に付着した正統性の意味を多面的に、さらには歴史的視野から位置づけてみようとするのが、小論の企図である。その際、第二次世界大戦以降のアメリカ合衆国国家を、十九世紀から一九三〇年代初めまで続いた近代国家とひとまずは区分しうるものとして、明確な二十世紀的特徴をもつアメリカ現代国家の新しい展開過程と私がとらえていることも、あらかじめ記しておきたい。

2 「二重国家」アメリカの始動

マッカーシズム

改めて第二次世界大戦直後に戻って論を始めてみよう。

第二次世界大戦が終結した一九四五年夏以降、アメリカが冷戦への道を歩むきっかけとなった直接の契機は、翌四六年末から四七年にかけてのヨーロッパ情勢の悪化であった。戦火による西ヨーロッパ経済の疲弊・混乱が依然として深刻ななかで、四六年末から四七年初めに襲った歳寒は、トルーマン政権がドイツ占領政策をみなおし西ドイツの経済的・政治的再建をめざすこと、さらにはヨーロッパ経済へのかつてない規模の経済援助を企画する、重要なきっかけを与えた。四七年三月十二日トルーマンが議会において示した全体主義の脅威に対決する決意、いわゆるトルーマン・ドクトリンは、そのようなヨーロッパへの新しい政治的関与、また経済援助を正当化すべく、世論を反共主義によって鼓舞する政治的レトリックと解してよいものであった。体制への危機感をあおることで幅広い国民的合意を形成し、対外的影響力の行使を正当化する動員効果を演説は期待していた。そうであればこの演説に関連していま一つ注目してよい事実は、そのような世論操作の直後に、国内的にも、全体主義の脅威を強調する思想統制の施策がとられた事実であった。ギリシア・トルコ援助計画発表から一〇日後の三月二十二日、トルーマンは、連邦職員の政治信条に持続的な監視の目を光らせるという、いわゆる連邦職員忠誠審査制度の導入を発表した。公務員の政治信条を厳しい監視によって捕捉するという、この特異な行政上の規制がその後、アメリカ社会に広がった激しい反共主義宣伝たるマッカーシズムの出発点となる事件であったことは、よく知られている。

かりに、トルーマン・ドクトリンの発表を起点としたヨーロッパやアジアに向けた対ソ封じ込め冷戦政策の発動が、アメリカの帝国的影響力を拡大する戦後世界政策の本格的胎動であったと理解すれば、そこで興味深いのは、このような外に向いた帝国への動きが、国内社会にも連鎖的政治変化をもたらした事実であろう。一九四七年頃から広がり、五七年頃まで続いたいわゆる「マッカーシズム」と呼ばれる現象は、時期的には限られていた。とくに一九五〇年、ジョゼフ・マッカーシーが表舞台に登場して以後の異常な煽動的言動や市民的自由をあからさまに侵す行為は、長期に続きうるはずはなかった。しかし他方で、この間、アメリカ社会にくまなく浸透した政治信条の締め付けの動きが、国民生活全般の政治文化規範に長期の傷痕を残したことは、否定しがたかった。なにより反共主義が、以後もアメリカ政治文化の第一義的信条としてとどまったことは、多くの事例が示している。しかもその反共主義は、アメリカの帝国的影響力を外に向けて鼓吹するという、いま一つの、国際的役割をもおびたのである。その内と外に向けての反共主義の相互連動からいえば、マッカーシズムは、第二次世界大戦後アメリカが示した政治態様の変化のなかでも際立って重要な、この時期に特徴的な政治社会現象と位置づけてよいものであった。

いま少し敷衍《ふえん》すれば、つぎのようにも論じうる。なるほどアメリカは第二次世界大戦期から戦後をとおして、自由と民主主義を標榜した。その二つの主張は、二十世紀においてアメリカが指針とした国家理念の中核にほかならなかった。しかし、他方で、帝国たろうとするアメリカは、国連中心の国際的協調を説き、政治原理として民族自決を掲げはしたが、現実の行動では自由と民主主義の理念につねに合致する対外政策をとるわけではなかった。共産主義封じ込めあるいは国際秩序の安定という名のもとで、他国への内政干渉や、さらには直接干渉せずとも非合法のクーデタをしかけるという、民族自決と民主主義を蹂躙《じゅうりん》する帝国的行動をいとわなかった。一九五〇年代、中米グアテマラのアルベンス改革政権を共産主義封じ込めの名目で倒壊させた事件、またイランの民族主義的モサデグ政権を崩壊に追い込んだ行動などがその実例である。ほかにも独裁的国家を、反共という名のもとで支援する行動は、頻繁にとられた。重要な点は、そのような対外行動にまといつく非民主性が、アメリカ政治規範に、自由さらには民主主義理念の深刻なダブル・スタンダードを生み出した事実であった。

自由と民主主義が普遍的であろうとすれば、アメリカの帝国的対外行動は、それに合致しない行為として批判の対象にならざるを得なかった。事実、そうした批判、さらにはその批判が結果する国内世論の亀裂は、少なくとも一九四〇年代末まではいくつかの反戦・平和運動をとおして表面化した。マッカーシズムは、そのようなアメリカの国家理念と対外行動が生み出すダブル・スタンダードへの批判を、反共聖戦という圧倒的な一元的政治文化で均すことで、目に余る非民主的な対外行動も、反共を介してやがては自由と民主主義に寄与するという強引な政治論理の優位を生み出した。マッカーシズムが、一面で、ニューディールを基盤に長期政権を維持した民主党の進歩派にたいして、政権回復をめざした共和党の党派的政治プロパガンダという性格を濃厚にもった動きであった点は、しばしば指摘される。マッカーシズムによって抑制された動きは、国内の共産主義運動というより、実質的には、アメリカの対外行動を自由と民主主義の規範にそって批判しようとする、国内自由主義者の思潮であった。この事実は、マッカーシズムのもった複雑な政治的メカニズムをよく示していたといってよい[1]。

重ねていえば戦後アメリカ国家の内と外における行動には、自由と民主主義にかかわる思想上または行動上における深いダブル・スタンダードが覆いがたくみられた。重要なことは、そのようなダブル・スタンダードを反共の名のもとに容認する気運が、マッカーシズム期に台頭した保守的潮流のもとで、政治議論の枠組みばかりか、社会活動一般、さらには大学を含めたアメリカ思想界にも幅広く広がった事実であった。その変化は、「帝国」と「国民国家」という戦後アメリカの矛盾をはらんだ二重性が、より合わされ、国民的規模の政治社会理念として体系化されていく過程であったといってよい。

ニューディール政治秩序の展開

ただし、そうは論じても、戦後のアメリカ国家の展開が政治反動一色で塗りつぶされたと理解するのであればもとより言いすぎであり、また実体的にも誤りであろう。そもそもマッカーシズムは、一九三〇年代、社会労働政策を幅広く採用することで左に軸足を移したアメリカ政治の社会民主主義的改革動向、ニューディール政治が、三〇年代を超えて第二次世界大戦期には定着しつつあった現実にたいする、異様な反動という側面をもつものであった事実は、上述したとおりであった。ニューディール期に拡大した労働運動は、大戦期、連邦政府による労使団体交渉慣行の奨励策ともあいまって、戦後、組織的には三〇年代前半の一〇倍近くに拡大し、社会的にも政治的にも大きな影響力をもつ団体として定着した(一九三〇年の労働組合員数が三四〇万人、五〇年は一四三〇万人)。その力は、若き経済学者ジョン・K・ガルブレイスがビッグ・レーバーと命名し、資本の力に対抗する新たな相殺的力として、アメリカ資本主義の変化を示す重要な一面と説明した内容であった。[2]

ニューディール期をとおして進められた以上のような社会民主主義的改革を背景に、第二次世界大戦後のアメリカ政治の動態は、基本的にはニューディールがつくりだした社会政策、労働政策に関心を継続的に示す政治規範の枠を守りつつ展開した。ヘンリー・ウォーレスが糾合した民主党最左派の進歩派がマッカーシズムの嵐のもとで異端に追いやられ、決定的に力を失うという、改革勢力の相対的保守化が明確にみられたことが戦後の特徴ではあったが、その一方で、ニューディールが生み出した連邦権力の拡大という基礎的な枠組みで、連邦政府の社会的対応力は、それなりに保持された。第二次大戦後のアメリカ政治の過程を、三〇年代のニューディールが一つの起点となって始まり、七〇年代前半まで、ゆるやかながら社会民主主義的改革を徐々に取り込み、積み重ねることで福祉国家への途を歩んだ継続的歴史過程と理解することは、基本的には誤りではないであろう。私はその意味で一九四〇年代から六〇年代へと向かうアメリカ政治構造の連続性を主張したいと考えるし、この時期のアメリカ政治の展開を、ニューディール政治秩序の展開過程と呼称するのもそのゆえである[紀平 1993：はじめに]。

しかもこの間、アメリカ経済は、とくに第二次世界大戦期の高い投資拡大を基盤に、戦後、長期の成長持続、繁栄の時代へと突入していた。一九四七年以降、七〇年まで前年比国民総生産において、経済成長がマイナスを経験したのは五四年と五八年の二年にすぎず、平均して三％から四％の経済成長率を示した。[3]その成長率は、同時期に起こったドイツあるいは日本の高度成長には比肩するものではなかったが、第二次世界大戦終了時点で世界的にみて圧倒的な経済規模であったアメリカの成長としては、極めて高く、また持続的であったことが大きな特徴であった。一九三〇年代、大恐慌期に始まった農村過剰人口の都市への移動が、経済成長、繁栄のもとで加速し、第二次世界大戦後のアメリカ社会は一気に農業人口が激減していくという高度の都市化社会へと変貌した。その都市化のもとで、大量消費の享受、郊外にまで拡大する住宅建設、高速ハイウェイの建設による自動車社会の拡大、そして家庭電化製品の浸透・多様化を中心とした生活様式の変化が進行した。そうした繁栄が、社会緊張をゆるめ、ニューディール型改革の定着、さらには社会政策の拡大を持続的に六〇年代後半までもたらしたことは、それ自体としてまた間違いのない事実であった。

そうした変化の流れを受けた第二次世界大戦後の改革として特記すべきは、一九五〇年代中葉から六〇年代にうねりとなった人種関係の改善の動き、市民権運動(Civil Rights Movement)の成果であったろう。しかもわれわれは、この市民権運動がもたらした成果には、この時期の二重化したアメリカ国家の特徴が、やや逆説的なかたちで現れていた事実にも着目してよい。つまりそこには、「帝国としてのアメリカ」が「国民国家としてのアメリカ」に通常とは逆のかたちで「改革」を働きかけるという、「二重国家」の内と外にかかわる複雑な相互ダイナミズムが作動した。対ソ封じ込め政策を遂行する枠で、アメリカは表向き世界にたいし自由と民主主義を掲げた。そのような自由と民主主義を掲げて世界に影響力を行使しようとする「アメリカ帝国」は、いきおい、国内に醜悪な人種差別主義を保持していくことに限界を感じざるを得なかった。アメリカがヘゲモニー国家であろうとする世界秩序のあり方が、国民国家としてのアメリカに強い圧力を及ぼし、改革を国家が上から促すというメカニズムがそこに働いた。一九五四年、第二次大戦後の黒人差別制度改革の動きが、いわゆるブラウン連邦最高裁判決、つまり南部における黒人隔離教育を人種平等という観点から違憲とみなした司法判断で開始したことは、その間の、上から下へと向かう改革メカニズムの特異な作動を示す事実であった。翌五五年、インドネシアのバンドンで開かれた第一回アジア・アフリカ会議が、アジア・アフリカの側から人種の平等をうたい、アメリカ政府に国内人種差別状況の改善の必要性をことさらに痛感させた事実も大きな意味をもった。

3 戦後アメリカ国民国家の展開

絶えざる緊張

市民権改革は、しかしながら、連邦政府の力のみでは結局のところ成し遂げ得なかった。一九五〇年代後半から始まる市民権改革を担う地域運動、さらには黒人大衆運動の展開を決定的な力として、改革は緊急性を増し、ようやく実現に向かったのが実態であった。総じていえば、戦後アメリカの対外関心と行動は、国内改革を促進する場面が一部あったとしても、構造的には自由と民主主義のダブル・スタンダードという性格をより強くおびたことは明らかであった。

たとえばいま一つの事例として国際連合とのかかわり合いをみておこう。

アメリカは、第二次世界大戦期から国連の創設を主導した国家として、戦後世界秩序の基軸に普遍的国際平和機関としての国際連合を最重要視する姿勢を、一方でとった。つまり国連を世界規模の集団安全保障機構とする構想を提示したのは、ほかならぬ大戦下のアメリカであった。しかし、同時に国連憲章起草の最終段階で、個別自衛権の確保とともに、「地域的集団安全保障」機構の有効性をもりこむ憲章第五一条を導入すべく積極的に行動したのも、アメリカであった。この時点での地域的集団安全保障としてアメリカが想定していたのは、すでにアメリカが構想していた米州機構の独自性であった。国連を中心とした国際秩序とは別に、きたるべき米州機構をとおして西半球に排他的な影響力と主導権を確保する、国連憲章第五一条にアメリカがこめた期待は、そのような西半球大国としての行動の自由であった。以後、そうした「地域的集団安全保障」の論理が、冷戦の進展と絡んで、北大西洋条約機構結成の論理、さらには二国間相互防衛条約の論理に幅広く援用されたことは、言うまでもない。国連がアメリカのそうした二重の行動様式にしばしば振り回され、自らの有効性の発揮を阻害されてきた経過は、二十世紀の国際政治の重要な一断面であったといってよい。

ちなみにそのようなアメリカの対外行動の激しいぶれは、広い意味でアメリカ帝国の影響力確保の論理に則ったものとしてみるとき、それなりの一貫性と整合性をもつ行動と理解してよかった。しかし、そうした帝国論理に基礎づけられていたとしても、アメリカの行動と論理の外見的ぶれは、国内政治につねに緊張を課さずにはおかなかった。自由と民主主義を語りながら、また国連主義を語りながら、その主張が反共政策によって後景に退き、ひどい場合には蹂躙されるとき、戦後アメリカの政治指導者は民主党政権であれ共和党であれ、そのぶれの激しい行動について国民に説明し、さらには国民的同意を引き出す努力を続けなければならなかった。帝国確保の目標が、一面で帝国への国内的支持を調達するための幅広い国内的「取り込み」ともいうべき社会統合行動を必要としたといってよいであろう。しかもその「取り込み」という政治目標は、国民統合の確保という点で、この間の社会民主主義的政治潮流と部分的に重なるものであった。

現代国家の本格的胎動

一九三〇年代後半から第二次世界大戦期に拡大した社会政策、あるいは労働問題に関心を保持するニューディール政治秩序の論理は、そのような戦後アメリカ帝国の国内的取り込みへの関心とより合わされることで、第二次世界大戦以後、およそ一九七〇年代初めまで、ゆるやかな改革や国民的シンボル形成という、国民的同意あるいは統合を確保する幅広い連邦政治過程を、そこに生み出した。時代の政治状況として、連邦権力の拡大が改革的指向をもつものと承認されていた点、さらにはケインズ的経済政策への幅広い合意が、連邦政府の社会工学的行動を基礎づけていたことも、この間の国家の活動を活発でまた多面的なものとした一因であった。そこに始動した国家、つまり第二次大戦後に本格的に胎動し、およそ六〇年代後半まである安定性を保った連邦政治のあり方こそ、アメリカにみる二十世紀的現代国家の歴史的相貌といってよい。

やや先走っていえば二十世紀中葉から後半に展開したアメリカ現代国家は、ほぼ時期を同じくして立ち上がったニューディール的政治原理がもたらす一定の改革と、帝国的シンボル形成の行動が複合したこと、さらには一九四〇年代後半から六〇年代後半まで続いた経済拡張・繁栄によって支援されて、ある歴史的安定性を確保した。本書が考える「現代国家の正統性の確保」といってよい。以下では、その事実認識を踏まえて、およそ七〇年代前半までのアメリカ合衆国国家が示した具体的展開の位相を、とくにその機能面を中心に四点に分けて考えたい。なお、その際、時間的には議論が七〇年代中葉を超えることにもとくに拘泥しないでいきたい。

アメリカ国家の正統性は、おそらく六〇年代末から深刻化するヴェトナム戦争、さらにはその過程で現れた若者の反乱によって、徐々に傷ついていった。一九七三年のオイル危機以降、経済不況が襲うことで、八〇年代初めにはさらに厳しい試練にさらされた。ただし、その一方で、二十世紀末までを見とおすと、それが決定的に傷ついたというよりも、国家の権威が部分的に修復されていく局面が同時にみられた。現代国家の正統性を支えた諸要因が一九七〇年代にただちに動揺したとはいえないのであり、その構造は、今日なお、ゆるやかな変動過程にあるといわざるを得ない。その問題にはいま一度本論末尾にふれることとして、ここでは以上の意味で、あまり時期を固定的とせず、議論を進めてみたい。

法規範の拡大と政治経済利益の分配

機能面からみたとき、一九三〇年代から顕在化し、二十世紀末まで合衆国国家の重要な機能として拡大した要素は、従来私領域とみなされ、法が積極的に介入しなかった多くの領域への、法規範の新たな浸透であった。

すでにみた連邦政府が一九五〇年代以後、黒人差別を廃止すべく人種関係に積極的に介入した過程は、それが廃止をめざした状況が、南部諸州による州人種差別制度であった点で厳密には私領域とはいえなかったが、二十世紀後半現代国家が示した法規範の拡大の、やはり重要な一事例であったろう。一九六四年、市民権運動の成果として立法化された六四年市民法は、その第二条でつぎのように述べていた。「いかなる人間も、この項に定められた公共的施設の利用にあたって、その商品、サーヴィス、施設、その他施設が提供する特権や利便の利用について、完全に平等な権利を保障されるものであり、その権利は、人種、肌の色、宗教、また出身国によって差別されたり、隔離されることがあってはならない」[4]。

連邦政府がこうした法規範領域を積極的に拡大することをとおして進めた、法の前での「平等」の原則は、二十世紀後半、性関係、あるいは親子関係を含む家族構成員の関係などにさえ、それぞれ対等の人権あるいは法人格を広げることによって、男女の雇用平等、さらには子にたいする虐待の禁止などという積極的社会改変を促すものであった。社会改革という観点からいえば、男女平等に向けた法整備はもとより、一九七四年、児童虐待予防処遇法が連邦レヴェルで成立したことの家族関係にもつ意味は大きかった。さらに、労使関係においても、一九三五年に立法化されたワグナー法は、労使関係を私領域とみる既存の概念にたいして、不当労働行為を法文化することで、労働者の権利を法規範化した点で画期的意味をもった。事例は多数存在するが、いずれにせよ、そうした法規範の拡大は、対象化された国民のより広い個人化を促進した一方で、国民の「法の前での平等」を積極的に実現する動きであった。そうした平等理念の推進が、連邦権力の正当な行使として承認されるなかで、国家の正統性が拡大したことは間違いなかった。

他方、この間の合衆国国家の存在基盤が、拡大する法規範というだけの存在だけではなかったことは、また言うまでもない。ニューディール以来の傾向であった連邦行政権限が拡大するなかで、国家がより実質的な政治経済利益の幅広い分配者という役割を担った事実、その事実も、一九三〇年代から始まり、七〇年代前半に一応の成熟をみたアメリカ連邦権力のあり方として重要であった。

合衆国に連邦規模の老齢年金保険制度をまず導入し、さらには州失業保険制度の導入を進めるべく連邦が体制整備を進めた立法の画期が、一九三五年の社会保障法の成立であった。同法には、さらに貧困家族あるいは高齢者にたいする生活扶助制度があわせて組み込まれていた。以後、社会保障法の改正、充実の過程には、政治的「人気取り《ポークバレル》」とも揶揄《やゆ》される断片的で不整合な改正がしばしばともなったが、それにもかかわらずこの法の改正を中心として、一九七〇年代前半までに、アメリカ型の福祉国家機能が整備されたとみて基本的には誤りなかった。とくに七二年の社会保障法の改正は重要な意味をもった。一九三五年以来の貧困高齢者生活扶助制度を全面的に改正し、生活保護対象者にたいしてアメリカ国民として一応の見苦しくない最低所得を保障するという、いわゆる生活費「補助保障制度」を導入した改正は、この時点で、国家が国民にたいしてはたすべき役割の一つの概念を確認したものといってよかった。

もとより、一九七〇年代前半までに歴史的到達点に達したアメリカ社会保障制度であったが、そこには、いくつもの欠陥があったことが指摘される。とりわけ最大の欠陥は、国民皆保険制度が、導入の試みがしばしばなされながら、政治的に実現しなかった状況であった。国民全体をカバーする国家管掌医療保険制度の欠如は、貧困者医療にたいし別立てでメディケイドと呼ばれる医療費補助制度の導入(一九六五年)がなされるなど、部分的な穴埋めの努力がなされたとはいえ、国民全体をみれば深刻な医療の不平等を放置するものであった。高額の医療費とともに、問題の深刻さが指摘される点である。

しかし、問題点がそのように残っていたとしても、これらの社会福祉機能の拡大が、一九七〇年代までの合衆国国家の機能面の拡大を代表し、しかもそれらが、国家の正統性を相対的に高めるものであったことはまた疑問の余地がなかった。八〇年代を境に二十世紀末に進むにしたがって、合衆国社会では経済的所得の格差はふたたび拡大の方向に向かったことが確認されるが、少なくとも七〇年代前半までをみると、国民に占める貧困者の比率は漸進的に縮小し、貧富の格差の是正が国家の力によってなされていた事実を統計は示した。さらに国家は、国民の膨大な年金資金の預託機関として独自の存在理由をもってもいた。そうした貧困者、高齢者、さらには人種マイノリティにたいして特殊な援助を供与する社会政策主体として、国家機能の拡大はそれなりの正統性を確保するものと承認されたのが、一九七〇年代前半までの国民的理解であった。

経済成長また国民文化の演出者として

引き続き機能面で、二十世紀半ばから後半、アメリカ連邦機構が国家としての正統性を主張した根拠には、雇用の管理者、さらには経済成長のプロモーターとしての役割があった。この分野での機能の拡大は、連邦行政機構の拡大をさらに促進する、いま一つの重要な力であった(小論の文脈ではこれを第三の要因としたい)。

経済成長を持続的に維持する国家機能の拡大傾向を象徴的に示した画期が、第二次世界大戦終結からまもない、一九四六年二月に成立した雇用法の成立であった。この法は、冒頭でつぎのような目標が国家に存在することをうたった。「連邦議会は」、以下の三点の行動が「連邦政府の継続的な政策であり、また責任であることを宣言する」。(1)「連邦政府は、(雇用・生産・購買力の維持に向けて)国家的政策を進めるという基本的な要請に基づき、また政治的に自らの義務その他の本質的な権能に一致する範囲で、あらゆる実際的な手段を採用する」。⑵「働くことを希望するすべての人々に有益な雇用の機会が確保されるべく、そうした状況を生み出し、維持する目的で、連邦機構の計画、機能、また能力を整備し、さらには最大限に発揮する」。⑶「以上をとおして、最大の雇用と生産を維持し、さらには購買力を促進するべく努める」。[5]

四六年雇用法が実際の制度として生み出したのは、大統領府に設置された大統領経済諮問委員会という経済スタッフの拡大と、その権限の制度化であった。同委員会が任務とした、経済活動について毎年度ごとに報告勧告をおこなう権限は、勧告を実施するための予算措置に議会の承認を必要としたとはいえ、原則的な意味で、経済・雇用の見とおしを立て、経済政策を立案する機能を、連邦行政府の第一義的責任とするものであった。第二次世界大戦後、ケインズ経済政策理念の受容が進んだことが、この経済諮問委員会の行動をさらに重要なものとしたことは間違いなかった。以後、大統領経済諮問委員会、さらには連邦金融政策をつかさどる連邦準備制度理事会の権限拡大は、経済政策運営における経済専門家の役割を飛躍的に高め、連邦政府の財政規模の拡大とともに、景気維持さらには経済成長にはたす連邦政府の役割の著しい拡大をもたらした。その赴くところが、軍事支出の過大な増加を促す軍産複合体のごとき怪物を産み落とすものであったとしても、事実として六〇年代末まで継続した持続的経済の拡大は、社会政策の拡張とあいまって、七〇年代初頭までの合衆国国家の政治的・社会的安定、さらには国民統合を支える有力な要因となった。現代国家たるアメリカ国家の正統性を支える大きな支柱が、経済成長の持続的維持によるものであったことは、重ねて強調されてよい点であろう。

議論を第二次世界大戦後の合衆国国家の正統性を支えた、さらに第四の要因に移そう。この時期のアメリカが帝国であるとともに国民国家であろうとした、その意味での「二重国家」であったとみる私の立場は、既述したとおりである。加えて、そうしたアメリカは、国民国家としてさらには帝国としても、この間ソ連と共産主義を封じ込める、自由と民主主義を国是とした世界的イデオロギー国家であろうとしていた。複雑な「二重国家」は、強い締め付けとなるイデオロギー性をもってその複合的内実を調和させていた、といってもよい。ちなみに、そのようなイデオロギー的外観が国家の正統性を確保する一要因であったとすれば、同時にその自由を国是とするイデオロギー国家は、国家のあり方に、ある誇大なまでの演出効果を必要とした。自由を基盤に独自の文明を創造していく、また文明を維持することがアメリカのめざすものであるという、文明的色彩を国家の基本属性に加えようとするアイデンティティ確保の努力がそれであった。

冷戦期アメリカの国家機能として最後に特記すべきは、そうした視野からアメリカ社会、また国家をことさらに引き立たせようとする国民文化の演出者としての役割であった。たとえば第二次世界大戦期から始まり、その後冷戦のもとで常態化した国民的儀礼である、さまざまな場面での国歌や国民歌の斉唱は、それがもつ宗教的とさえいってよい雰囲気とともに、国家を日常的に国民に感じさせる重要な文化的儀礼にほかならなかった。注目すべきはその文化儀礼がとくに第二次世界大戦期を一画期として、国家的会合ばかりか民間娯楽、スポーツ・イベントの場にまで広がった事実であった。その広がりと持続性には、この種の儀礼を国民文化として演出していく、アメリカ国家の社会統合によせる明確な意志が貫かれていたとみてよい。

国歌・国民歌の斉唱がさしずめ愛国的文明意識をかき立てる細やかな文化演出であったとすれば、他方、冷戦下のアメリカがとくに巨大な国家規模のプロジェクトを企画、推進した事実も、そうした国民文化の演出という視点からして重要であった。一九五〇年代後半から七〇年代前半まで、莫大な経費を費やして進められた宇宙開発計画は、その代表的な一事例であったろう。一九六六年、アポロ一一号の月面到達にまでいたるその計画が、対外政策上の政治的意味、また軍事戦略としての意義、さらには経済的効果をもはかった複合的なプロジェクトであったことは言うまでもないが、同時にそれが、国民統合に寄与する壮大な文明的事業という意義を付与された点も、否定しがたかった。その種の巨大プロジェクトとして連邦政府が一九五〇年代に始めたいま一つの事業が、インターステート・ハイウェイの建設事業であった。一九五六年から始まったこの州間高速道路網の建設は、圧倒的な経済効果に加えて、速さと機能性を美としてうたう最も特徴的なアメリカ的巨大建造物として、連邦政府の統合力を可視化していく有力な文化事業という側面をもつものであった。科学性、機能性、そのうえでの破天荒なほどの巨大さという性格をもった文明的演出が、二十世紀後半のアメリカ国家が国民に実感させようとしていた文化的事業の特徴であった。

知の序列化

以上、一九三〇年代を起点としておよそ一九七〇年代前半までのアメリカ国家の機能上の拡大、その拡大が連邦政府の正統性を当面強化した状況を四点に分けて概観したが、ここでは、そうした議論全体を補うものとして、この時期のアメリカ国家の展開から総体として読みとれる、いま一つの興味ある特徴に関説しておきたい。さしずめそれに形容詞を付すならば、アメリカに典型的に現れた、二十世紀社会また国家のいま一つの特徴といってよい知の再編と、それに基づく国家の正統性の拡大という論点である。

第二次世界大戦以降、とくに二十世紀半ばから後半にかけて、多様なかたちで機能を拡大したアメリカ連邦政府の特徴は、その機能と権力の拡大が、より高度なエリート的知識の発揮、つまり「専門知」と呼びうるものによって承認される特徴を強くもった。政治権力の基盤として知識が中心的役割をはたしはじめたところに、現代国家の特性が鋭く刻印されていた。

こうした変化を引き起こした背景は、基本的には、国民教育における国家管掌の拡大という、二十世紀の特徴的ないま一つの変化であった。国民全体を対象とした義務教育制度の普及、とくにその長期化が、教育面における二十世紀国民国家の大きな特徴であったが、教育がそのようなかたちで国民国家の枠に組み込まれ、国家の保護下におかれるなかで、知識は、幅広く国民に共有されるより一般的なものとなっていった。しかし同時に二十世紀における教育制度上の変化は、けっして知識の平準化、あるいは、知識をもつものの平等化をもたらすものではなかった。たとえば中等教育までで学習される一般的な知識から、さらに高等教育(あるいはそのなかのさらに少数のエリート的教育機関)において取得される専門的知識まで、教育の普及は、社会科学の複雑化、自然科学技術の進歩による知の専門化があいまって、いわば社会総体としては知の序列化をもたらしたのが現実であった。このようにして生まれた知の専門化、序列化を背景に、二十世紀中葉から後半のアメリカ連邦国家は、他の政治主体あるいは社会団体が容易に対抗できない、最も高度化した知の集合的管理者、活用者たる装いをまとっていった。重要なことはそのような高度な知識の集積者であり、活用者である装いが、この時期の国家の機能と権力行使を、他者が口をはさみ得ないものとして正統化する、新しい権力根拠となった事実であった。

おそらくは、そうした国家権力基盤の変化は、さらに広い意味でいえば、二十世紀アメリカ社会全体の変化と呼応したものであったろう。高等教育・研究機関の拡大とその社会的威信の増加。そして、それらの高等教育機関の出身者で占められる大企業組織、専門家集団、連邦行政官僚機構の拡大。二十世紀をとおした教育課程の拡大、さらには知の序列化と専門知識の高度化をとおして、アメリカ社会の権力エリートたる中心組織は、たんに財によって支配を正統化するものではなくなっていった。彼らの正統性を確保する基礎は、まぎれもなく他者が容喙《ようかい》できない高度の専門的な知識と識見によるものとみなされた。第二次世界大戦後のアメリカ連邦権力の特徴は、そのような専門集団から行政の担い手を大量にリクルートした点にあった。経済政策遂行部門における経済専門家の優位、外交政策における政治学専門家の優位。権力が高度の知識の集積を基盤に正統性を主張するとき、その権力にたいする異議は、権力者が彼らの専門知識によって到達可能とした約束を、はたし得ない場合にのみ限られざるを得なかった。広い意味で第二次大戦後から一九六〇年代末まで、経済の高いパフォーマンスは、そのような専門知識エリートの基盤を揺るがすことがなかった。そうした状況も、この間の連邦権力の正統性を支えた重要な要因であったと考えてよい。

4　一九七〇年代以降の現状――結びにかえて

傷つく既存の正統性

第二次世界大戦以後、およそ二五年にわたったアメリカ経済の拡大の時代が明確に頓挫したのは、一九七〇年代初めであった。ヴェトナム戦費の増強につれて、一九六〇年代後半から国際収支の赤字が拡大し、さらには製造業の停滞が明確となっていたが、一九七三年、石油ショックとともに危機は決定的に顕在化した。七三年から七五年にかけてアメリカ経済は激しい物価上昇を示しながら、二年続けてのマイナス成長に陥り、不況は七六年まで続いた。七七年以降若干の回復がみられたが、八〇年代前半にはふたたびマイナス成長に陥り、その不況は八四年まで続いた。二十世紀半ばから後半にいたるこの国の展開をみるとき、一九七三年以降八〇年代半ばまでの時期は、一〇年以上におよぶ厳しい経済停滞の時代として独自の意味をもった。この七〇年代半ばからの経済不振が、ヴェトナム戦争における敗北と重なって、アメリカ国家のそれまでの正統性に深刻な打撃を与えたことは、否定しがたかった。

国家の正統性という観点からいえば、ヴェトナム戦争の敗北がもった意義はさらに独特の意味をもった。帝国たるアメリカが反共の名のもとでそれまで覆い隠してきた暴力性、さらには非民主性を、アメリカ国民の実体験としてこれほどに強烈に暴露した事件はそれまでなかった。反戦・平和運動が第二次世界大戦直後の時期を上回るかたちで起こったことが、その衝撃を伝えた。加えて、そうしたヴェトナム戦争を批判する議論のなかからは、第二次世界大戦後はじめて本格的に、アメリカの反共主義が覆い隠した自由と民主主義のダブル・スタンダードを厳しく問う声があがっていた。その批判も二十世紀アメリカ国家の正統性に強い疑義を提起するものであった〔Commager 1966〕。

経済の弱体化、またヴェトナム戦争批判が結果した帝国としてのアメリカへの疑問と並んで、一九六〇年代後半から七〇年代に広がった環境問題への関心が、国家のあり方にいま一つの問題を提起しはじめていたことも、この時代の特徴として付言しておくべき事実であろう。一九六二年、レイチェル・カーソンの問題提起から始まった化学物質による自然環境の破壊への不安、さらには自動車産業批判を軸に広がった大気汚染への関心は、そうした産業のあり方を認め、さらには経済成長路線をひたすら歩むことで正統性を確保してきた連邦政治にたいする疑問として跳ね返ってくるものであった。新しい環境運動家たちの行動は、六〇年代後半から始まり二十世紀末まで、経済拡大と国家の関係を厳しく問う議論を繰り返し提示することで、国家のあり方に新しい問題を投げかける重要な運動の一つであった。

かくして一九七〇年代は、第二次大戦以後、基本的には疑義をさしはさまれることの少なかったアメリカ連邦政治のあり方に、深刻な変化が生まれた時代であった。それを現代国家を揺さぶる新しい状況の台頭と位置づけるとして、その点にかかわっていま一つ興味を引くのは、対外関係から変化にさらされた連邦政治が、あたかも既存の統治能力の相対的劣化ともみえる状況を内からも露出しはじめた事実であった。経済成長の鈍化は、連邦財政事情の悪化というかたちで、社会福祉制度の維持をしだいに困難としたが、その事実が本格的に顕在化したのは一九八〇年代初めであった。八一年から八二年にかけてロナルド・レーガン政権の掲げた「小さな政府」論は、メディケイド（医療費補助）など低所得者向けの社会保障関係費および教育関係費を削減することを、連邦財政改革の重要な一環とした。従来から低所得者向け生活扶助は、過保護な社会政策であり、個人の自立を阻害するという議論が共和党保守派を中心として提示されていた。その主張には、社会保障がたんなる資金のばらまきに等しく社会的公正にもとる要素をはらむという、それ自体として重要な指摘を含んではいたが、総じて、レーガン政権以降の連邦政府が進めた政策は、社会政策の建設的再検討というよりも、援助を可能なかぎり縮小する、さながら貧困層の社会的切り捨てに近い政策をともなった。一九八〇年代初め以降、アンダークラスと表現されるような都市の下層民衆の生活は、長期にわたって失業し社会参加そのものが失われるという、通常社会のネットワークから全く切り離され、都市の一部に放置された貧困集団の現実であった。その放置が人種差別という社会的色彩をもおびたという点で、一九八〇年代以降の貧困層の増加は、現代国家の統治能力のやはり劣化を示すものであった。

ただ他方で、われわれは、そのようなアンダークラスの存在がはたして国家の統治能力の決定的劣化と言いきれるのか否か、そのように問う視点で、国民国家的価値観の根本的な見直しを説く性格の議論が、この時代にうごめきはじめた事実も、指摘しておかねばならなかった。一九八〇年代以降、経済社会政策における市場主義の台頭のなかで、かりにアンダークラスが出現するような国家であっても、市場の作動をいっそう重視する国家のありようを、個人の自立を促すという意味で思想的に肯定する議論が登場していた。個別の扶助を継続するよりも、経済の活性化と雇用の拡大を進めるべく、連邦政府規制を緩和することが、社会問題を解決する基本的な動力であると説くその議論は、いわば国家の正統性から、社会政策的価値の相当部分を削除するかあるいは縮小する論理を、含んだものであった。従来の社会政策の内実そのものが、年金制度の継続を困難にするほどの高齢者の増加、あるいは家族構成員の流動化、男女関係の変化などという、社会の生態的変化とともに変容を余儀なくされ、従来の枠組みでは現実に対応できないばかりか弊害をもたらすという状況のなかでは、既存の社会政策をただ墨守することが国家の正統性にはつながらない状況にあることも、また事実であった。社会政策そのもののあり方と価値が変動するなかで、二十世紀国家は、従来の基盤部分において大きな変質を迫られている、全体的にいえばそのようにみえる現実が進行していたことが重要であった。

なお付言すれば、一九八〇年代後半からの市場主義論理の台頭とともに、二十世紀末に顕在化した世界経済のグローバル化と呼ばれる現象も、第二次世界大戦以後、七〇年代初めまである連続性をもったアメリカ合衆国国家の構造変化を確実に促していた。すでに七〇年代から進行が顕著であったグローバリゼーションの一面は、アメリカ経済社会に当初深刻な衝撃を及ぼすものであった。七〇年代後半から八〇年代前半の不況のもとで、より安い賃金地域を求めて海外に移動する傾向を強めた製造業の動きは、流出する直接海外投資の増加として、アメリカ国内における雇用の減少を確実にもたらした。国民経済の枠で雇用を確保することが国家の重要な機能とみる議論からみれば、八〇年代、最高一一%の失業率にまでいたった雇用状況は、国家の信認を激しく揺さぶる事態のようにみえた。

他方、一九九〇年代、情報通信技術の革新とそれによる生産性の向上に支えられて始まった景気の回復、長期にわたる好況は、また異なる意味のグローバリゼーションの問題をアメリカ国家機構にもたらした。世界的に膨大な量の余剰資金がドルへの信認を背景にアメリカに集まり、そのうえで高い金利を求めて世界中を駆けめぐる傾向は、それ自体としてアメリカ経済に大きなプラスに働いた。しかし、そのような大量のファンドが移動する経済は、総じて国家がその短期資金の移動や活動を制御できる範囲を超えた活動ともなりつつあった。世界的にみれば、駆けめぐる資金の移動によって、世界のいずれかの地域がつねに資金の急激な流出や、移動によって激しい衝撃を受けるという、世界経済は循環的不安定性を避けがたくもった。帝国としてのアメリカは、グローバル化した世界経済の最大の利益者であるとともに、世界経済のその絶えざる不安定性にさらされるという問題をかかえた。少なくとも、二十世紀末の時点まで、アメリカ国家機構は、世界経済の安定を期待しつつ、このような世界的に移動する資金の不安定性を制御することを、市場主義のもとでは自制せざるを得ない立場にあり、それもまた既存の国家のあり方に新たな問いを生み出す背景であった。

帝国へと傾斜するアメリカ

以上、断片的であったが、一九七〇年代以降、アメリカ国家を揺さぶる新しい状況について、それぞれが投げかけた問題を個別に剔出《てきしゅつ》してみた。が、ゆきつくところ、歴史学の分野でわれわれがいま問うべきは、そうした現状の総体が、アメリカ合衆国国家を実際にどの程度に揺るがしているのか、そしてその揺らぎがあるとすれば、その揺らぎの先に今日なにがみえているのかという問題である。こうした問題に解答を示すことは、もとより私の能力に余るが、現時点でいいうることを若干補足して、小論の締めくくりとしたい。

すでに私は、二十世紀後半のアメリカ国家が「二重国家」であるとする議論からこの小論を始めた。「帝国としてのアメリカ」、「国民国家としてのアメリカ」、その二重国家の特徴が、摩擦し合うところでは不可避的なねじれのような現象を生み出しつつ、現実には重なり合うかたちでおのおのの論理を主張しながら展開してきた。それが二十世紀半ばから後半にかけてのアメリカ合衆国国家の複合的展開であったというのが、ライトモチーフであった。この私のモチーフからすれば、当面合衆国国家は根本的揺らぎをただちに示すとは考え得ないようにみえる。なるほど、ニューディール以来の社会政策を基盤とした福祉国家的合衆国国家は、一九七〇年代後半には明確に揺らいだ。この国民国家レヴェルの揺らぎを重視すれば、ニューディール的政治秩序は一九七〇年代をもって終焉したといってよいし、それ以後、アメリカ社会は新たな危機に直面しつつあるとみてもよかった。しかし、実のところ、そうした福祉国家体制の揺らぎをとくに挫折とみない、新しい政治思想と政策理念が、一九八〇年代以降、連邦政治に支配的影響をもちはじめてきた。その動きは、ニューディール的国民統合にかわって市場主義を新しい国民統合の原理であると説き、合衆国経済のグローバル化を推し進めることによる新たな帝国的経済の拡大が、アメリカ国内の安定にも最終的には寄与するであろうと説く議論であった。

転機は、広い意味で一九七〇年代後半から八〇年代にあった。それ以降、九〇年代末までアメリカの国家構造は、「帝国としてのアメリカ」と「国民国家としてのアメリカ」のある均衡的バランスからなった一九七〇年代前半までの構造とはかわって、国民国家レヴェルのほころびを「帝国」が生み出す富によってカバーするという、「帝国」が優位を占めるバランスへと変化しはじめているようにみえる。それは、従来の国家の社会福祉的機能を削減しても、全体として世界経済の拡大に、より大きな重点をおくことで社会的統合を維持していこうとする、これまでのバランスとは異なる体制として立ち現れている。しかし、そこでわれわれは、やはり重要な事実を一点想起する必要があろう。国民国家としてのアメリカは、それなりの公共性と民主主義を標榜してきた。それにたいし帝国としてのアメリカは、自由と民主主義をうたいながらも、実際の行動では暴力性と非民主性をより強い属性としてもった。第二次世界大戦以降、一九七〇年代前半までのアメリカが国民国家レヴェルでの生命力をなお強く保持しようとしていたとき、アメリカ社会にはそれなりの民主主義的指向、広い意味での活発な社会運動を見出すことは必ずしも困難でなかった。しかし、その国民国家機能が弱まり、帝国的アメリカがより前面に登場するとき、アメリカ社会はその民主主義的機能や手続きまでも相対的に弱めていく、そのような危険を強く含んでいるようにみえる。

そのことをたぶんに示唆している事実を指摘して、議論の最後を結びたい。今日アメリカでは、国家にたいする関心が国民レヴェルで明らかに漸減しつつある。その状況を明確に示しているのは、二年ごとの連邦議会選挙における投票率の激しい低下である。小論が問題とした一九三〇年代以降、九〇年代末までをとると、七〇年代に変化の一つの画期があった。一九三〇年から七〇年までの連邦議会選挙において全国的投票率が四〇%をくだった年は、第二次世界大戦中の四二年および戦後直後の混乱期であった四六年選挙を除いてみられなかった。とくに低かった四二年選挙を除いて、上記期間一九回の投票率平均は五〇%であった。これにたいし、一九七二年以降九八年までをとると、この間一四回の選挙のうち、投票率が五〇%を超えたのは七二年選挙と九二年選挙の二回のみであった。残る一二回のうち、五回が四〇%台、そして七回が三〇%台に低迷した選挙であった。九八年中間選挙にいたっては三二・九%であり、一四回全体を平均した投票率も四一%にとどまった。[6]

国政選挙は、アメリカのみならずおそらく、二十世紀現代国家が最大の政治的パフォーマンスとしてとり仕切ってきた、国民動員の一環にも似た行事であったに違いない。その行事への参加率がこれほどまでに低下している現実をどのように説明するのか。加えて、民主・共和両党の政党支持基盤の弱体化、あるいは流動化もはなはだしい。二大政党は、政治権力の主体であるばかりか、どのような国民の声を代表しようとしているのか。選挙投票率の低下とともに、この二大政党の行き詰まり状況にも、代議制の意義を問うような民主主義の危機的状況が、顔をのぞかせているようにみえる。しかし、そうした状況の先にアメリカ国家はどのような展開をさらに示すのか。私にはそこまでを論じる力はなく、さしあたりはアメリカ合衆国国家が、今日間違いなく帝国への力点を強めるという歴史的変動過程にあるという理解を記して、ここでの筆を擱《お》きたい。

註

1 マッカーシズムにたいする同時代人の批判として歴史家ヘンリー・コマジャーの議論は、極めて透徹している。

本論の議論も以下のコマジャーの議論から多くの啓発を受けている。Henry Steel Commager, "Who is Loyal to America?" *Harper's Magazine*, Sept. 1947; idem, "The Pragmatic Necessity for Freedom," in Henry Steel Commager, et al., *Civil Liberties under Attack*, University of Pennsylvania Press, 1951; idem, *Freedom, Loyalty, Dissent*, Oxford Univ. Press, 1954.

2 John K. Galbraith, *American Capitalism: the Concept of Countervailing Power*, Houghton Mifflin Company, 1952.

3 U.S. Census Bureau, *Historical Statistics of the United States: Colonial Times to 1970*, Kraus, 1989, pp.226,227.

4 Henry Steel Commager, ed., *Documents of American History*, 9th edtion, Meredith, 1973, p.688.

5 *Ibid.*, p.689.

6 U.S. Census Bureau, *Statistical Abstract of the United States: 1999*, 119th edition, GPO, 1999, p.301.

参考文献

有賀貞・大下尚一・志邨晃祐・平野孝編『世界歴史体系 アメリカ史 2』山川出版社、一九九三年。

紀平英作『ニューディール政治秩序の形成過程の研究――二〇世紀アメリカ合衆国政治社会史研究序説』京都大学学術出版会、一九九三年。

紀平英作『パクス・アメリカーナへの道――胎動する戦後世界秩序』山川出版社、一九九六年。

チャルマーズ・ジョンソン、鈴木主税訳『アメリカ帝国への報復』綜合社、二〇〇〇年。

Commager, Henry S., *Freedom and Order: A Commentary of the American Political Scene*, New York: George Braziller, 1966.

Freeland, Richard M., *The Truman Doctrine and the Origins of McCarthyism: Foreign Policy, Domestic Politics, and Internal Security, 1946–1948*, New York University Press, 1985.

Fried, F. M., *Nightmare in Red: The McCarthy Era in Perspective*, Oxford University Press, 1990.

Kennedy, David M., *Freedom From Fear: The American People in Depression and War, 1929–1945*, Oxford University Press, 1999.

Patterson, James T., *Grand Expectation: The United States, 1945–1974*, Oxford University Press, 1996.

Wittner, Lawrence S., *Rebels Against War: the American Peace Movement, 1941–1960*, Columibia University Press, 1969.

II

ジャコバン的共和国と外国人

フランス零年の歴史社会学

渡辺和行

1　レジスタンスの正統性

零度の政治学

零度の政治学とは、ロラン・バルトの『零度のエクリチュール』からの借用である。エクリチュールの刷新と再生を含意させた「零度」という用例は、第二次大戦後のヨーロッパ政治を考えるうえでも示唆的だ。つまり、戦後の社会が冷戦によって東西のブロックに凍結されたという意味で文字どおり零度であり、ファシズムを総括して政治的にゼロからの再出発をとげるという意味でも、大戦後の社会状況を形容するのにふさわしい言葉だろう。この意味で、零度の政治学は『ドイツ零年』と響き合う。『ドイツ零年』（一九四六年)とは、社会学者のエドガール・モランが二十五歳で出版した書物のタイトルである。本書は、連合国軍の一員としてドイツ占領にたずさわったモランの体験と思索から生まれた。このなかで彼は、国民社会主義との訣別とドイツ国民の集団的な罪責を指摘し、新しい民主的なドイツの再建をどの社会集団や政治集団に託しうるのかを診断した。[1]

ところが、当時フランス共産党員であったモランは、「ドイツ零年が実はヨーロッパ零年であったことを理解していなかった」。冷戦が本格化する戦後のヨーロッパは、米ソによる支配や後見を受け、それは、一九八〇年代のソ連のSS20ミサイルとNATOのパーシングⅡミサイルの配備をめぐる争いまで続いたことは、冷戦後の今日だからこそ理解できるのである。「ヨーロッパは、やがて西において彼らを監督する者と、東において彼らを隷属させる者によって解放された」ことの意味を、モランが戦後ただちに理解しなかったからといって、彼を責めることはできないだろう。[2]

「ヨーロッパ零年」以後の国際社会の二極化を踏まえて、戦後のフランス社会を検討すると、一九四四年が「フランス零年」であったことがわかる。現代フランス国家は、一九四四年のパリ解放から始まった。戦後フランスの起点となる「フランス零年」とは、ナチ占領下のヴィシー体制(一九四〇〜四四年)を否定して、レジスタンスに政治的正統性の根拠を求め、そこから再建を始めることであった。ドゴールが、ヴィシー体制を否定し、第三共和政を継承する政治組織として「自由フランス」を強調したのも、戦犯を裁く粛清裁判を開いたのも、そのような意志表示であった。ドゴールは、パリ解放時に次のように述べていた。「共和政はいまだかつて存在しなくなったことがない。自由フランス、戦うフランス、フランス国民解放委員会が、あいついでそれを体現してきた。ヴィシーはつねに無効であったし、いまも無効である」[3]。もちろん、この発言には、共産党が優勢な国内レジスタンスを過小評価する狙いも込められていた。これにたいして共産党は、ドイツ軍を前にした国内レジスタンスの戦いを重視し、戦いの反ファシズム性や赤軍の勝利を強調した。

しかし戦後のフランスは、「フランス人同士の戦争」が繰り広げられたヴィシー時代を括弧に入れてしまい、「暗い四年間」を真摯《しんし》に総括することはなかった。先のドゴールの発言も、ヴィシーのルーツを探ることを禁ずる方向に作用した。第四共和政は、ヴィシー政府の「国民革命」やユダヤ人迫害を思想的に点検することなく、植民地帝国でもあった第三共和政に立ち返るかたちで戦後再建の事業に乗り出した。

ドゴール派と共産党

戦後のフランス再建に結集した政治集団は、レジスタンスへの参加を権力資源としていた。ドゴール派と共産党がその代表である。両派は、「ジャコバン的愛国主義、尊大なナショナリズム、英雄的で犠牲的な自発性、国家観、歴史の悲劇的解釈、アメリカ的近代や金融資本主義への敵意」などを同じくした[4]。ドゴール派は、ドゴールの個人的なカリスマによって団結を維持していた。ドゴールが「六月十八日の男」と呼ばれたように、彼はレジスタンスを宣言した最初のフランス人という栄誉を担った。他方、共産党は、一九四一年六月の独ソ戦以降、国内レジスタンスの中心勢力として、血の犠牲をはらうことによってはじめてフランス社会に受容されつつあった。共産党がいう「銃殺された七万五〇〇〇人の党」には誇張があるとしても、戦後の選挙で同党が議会第一党になったのは、レジスタンス活動の賜《たまもの》であった。

しかし、レジスタンス二大勢力は、第四共和政下では野党の時期が長かった。臨時政府首班のドゴールが一九四六年一月に首相の座から降りたこと、四七年五月に共産党閣僚が解任されて共産党が下野したことにより、レジスタンスの衣鉢《いはつ》を継ぐ主要な組織が政治システムから疎外されるにいたった。共産党は、その後、護民官機能を行使しつつ「対抗社会」を形成する。かたや、第三共和政的な政党ゲームの再現に業を煮やして辞任したドゴールは、第四共和政憲法にも批判的であり、四七年に国家改造をめざす政治組織、フランス人民連合を結成した。こうして第四共和政に背を向けた左右の二大勢力が、フランス政治に重きをなすことになる。ともにレジスタンス神話を追い風にして、与党の失策による人々の政治不満を吸収し、勢力を伸ばした。

それでは、レジスタンスの正統性とはなんであろうか。それは対独抵抗運動への参加である。したがって、レジスタンスに体系だった思想があるわけではない。あえて主要な思想を二つあげるなら、反ファシズムと反独愛国主義だろう。だから、眼前の敵にたいしては大同団結するが、ひとたび敵がいなくなるや呉越同舟の関係に戻るのである。しかも国際政治は、ナチズムよりも共産主義を敵視する冷戦時代に突入していた。共産党は反共攻撃の矢面に立たされるが、それでも資本主義の批判勢力として、また人間解放をめざす政党として、いまだ労働者や知識人の支持を集めていた。共産党は、まだ「歌う明日を約束」しているように思われた。しかし反共政党にとって、対外的な脅威はソ連から、対内的な脅威は共産党からくるものと認識されていた。一九五六年のスターリン批判後に起きたハンガリー事件、そして六一年のべルリンの壁建設、六二年のキューバ危機などによって、ヨーロッパでは、ポスト・スターリン時代でも「零度の政治」が続いていた。

フランス版五五年体制

一九五八年五月にアルジェリアからあがった硝煙が、ドゴールに首相と大統領の座をもたらした。第四共和政期には、レジスタンスを権力資源とするドゴール派と共産党は、反システム政党として共犯関係にあったが、ドゴールの政権復帰でフランス版「五五年体制」が完成をみた。[5] ドゴールの第五共和政は、レジスタンスの正統性が神話化されたときでもあった。パリ解放二十周年にあたる一九六四年に、ドゴールが主宰したジャン・ムーランのパンテオン移葬式典がそのピークをなした。ムーランは、四三年五月に国内レジスタンスを大同団結させた英雄であったが、一カ月後にナチ親衛隊によって虐殺されていた。そのムーランを共和主義の霊廟に祀《まつ》ることで、レジスタンスの記憶が「国民的な語り」として神話化され、レジスタンスは共和主義の伝統のなかで聖別された。こうして「国民の記憶」が創り出され、フランス人は、心地よい「物語」によってヴィシーという負の歴史を心理的に封印した。たしかに神話化された「戦争の記憶」は、占領によって引き裂かれた国民に安心と自信を与えた。歴史的には誤っているこの記憶は、国民の統一とか共同性の創出という観点からは有効な政治表象であった。しかし、この歪められた記憶によって、ヴィシー時代がヴェールで覆われたのも事実であった。

ところが一九六八年の「五月事件」は、レジスタンス神話を担った両勢力に深いダメージを与えた。両党は、無政府的な絶対自由主義や五月の「大混乱」にはこぞって反対した。五月に学生たちは「一〇年で、もうたくさんだ」と街頭で叫んで、一〇年におよぶドゴールの政治を批判していた。大統領は、五月危機それ自体は乗り切ったものの、六九年五月に地方制度と上院改革問題に関する国民投票に敗れて辞任し、政界から退場する。ドゴールは七〇年十一月には冥界《めいかい》へと旅立ってしまう。こうして、レジスタンス神話の中心人物がいなくなることによって、その神話に巨大なエアポケットが生じたのである。

他方、共産党も五月危機の渦中で影響力を喪失していった。同党は、下から澎湃《ほうはい》として起こった五月運動に批判的であり、国民の管理社会への不信や不満を読みとることができなかった。運動の巨大なエネルギーは、共産党をも押し流しつつあった。それに追い討ちをかけたのが、ブレジネフ・ドクトリンにもとづいて、六八年八月にワルシャワ機構軍がおこなったチェコスロヴァキアへの軍事介入である。フランス国内に、「プラハの春」を圧殺したソ連への批判が高まる。さらに、ソルジェニーツィンによる『収容所群島』(一九七三年)の発表や特権階級ノーメンクラトゥーラの存在は、ソ連型の共産主義が真に社会的平等を実現する集産主義ではないことを明らかにした。ソ連の帝国化とともに、スターリニズムは社会主義の逸脱現象ではなくて、全体主義の本質なのではないかという批判が高まりつつあった。こうして、左翼運動を牽引した共産主義という指導的理念が色褪《あ》せる。国内でも戦争中の共産党史の改竄《かいざん》が問題にされた。「クレムリンの長女」と呼ばれるフランス共産党は、このような国際政治の影響をまともに受け、選挙のたびに支持率を減らしていった。

こうして、左翼支持層の内部でも「資本主義 対 社会主義」という枠組みが影響力を失い、「民主主義対全体主義」という思考枠組みに取って代わられつつあった。フランスの民主主義(共和主義)は、ブルジョワ民主主義として唾棄《だき》すべきではなく、価値ある政治原理を含む思想だと受け取られ、「人権」が至高の価値をもつようになる。一九八九年に開かれたフランス革命二百年祭が、革命の暴力にふれることなく、くしくもルイ十六世の処刑に反対した三名の人物(コンドルセ、グレゴワール、モンジュ)を新たにパンテオン入りさせて、「人権」を前面に掲げるにはこうした背景があった。[6]

同化と排除

このように、レジスタンスの正統性が弱化しつつあった一九六八〜七三年頃は、レジスタンスの脱神話化が進んだ時期でもあった。忘却のヴェールでヴィシー時代を覆い隠してきたことへの反省が、六八年世代のなかから生まれつつあった。覆い隠されたものは、ヴィシー政権の対独協力政策であり、とりわけユダヤ人迫害問題であった。ユダヤ人問題に集中したのは次の理由による。戦争犯罪の時効が一九六五年に成立して以降、第二次世界大戦の犯罪で訴追が可能であったのは、ユダヤ人迫害に典型的な「人道に反する罪」しかなかったからだ。こうして、一九八七年にバルビー元親衛隊中尉の裁判、九四年にトゥヴィエ元フランス民兵団員の裁判、九七年にパポン元ジロンド県総務局長の裁判が開かれた。以上のように、政治的シンボルとしてのレジスタンスが色褪せたことが、ヴィシー時代という「暗い四年間」にフランス人の目を開かせることになった。その結果、ホロコーストにいたる行程の初期段階において、ヴィシー政府の関与が明らかにされた。シラク大統領自ら、九五年七月にユダヤ人の追放について、「国家によって冒された過ちを承認すること」を求め、「時効のない負債」を語ったことはなお記憶に新しい[7]。

フランスから追放された七万六〇〇〇人のユダヤ人の多くは、外国籍のユダヤ人であった。なぜ、外国人が真っ先に犠牲になったのであろうか。レジスタンスの正統性の前でいわば判断停止状態にあったのが、ホロコーストを可能にした政策や思想の探究であった。おそらくユダヤ人排斥は、現代の移民排斥と思想的に通底しているだろう。というのは、外国人がフランスに住むには滞在許可証が必要なように、そこには身分証による行政的コントロールが存在し、それは、「国籍」「国民」「国民性」の定義と深くかかわる領域であるからだ。したがって、この問題に接近するフレームワークとして、「国民 対 外国人」という視点を導入することは意味があるだろう。この視点のもとで問われるべきことは、ヴィシーの排除政策と共和国の同化政策の論理の関係である。強い同化主義と強固な中央集権的体制をもつフランスには、自民族中心主義にもとづく同化の人種主義と排除の人種主義がありはしないだろうか。同化と排除はともにナショナリズムの二面であり、これこそ、戦後の共和政が依拠したレジスタンスの正統性が見失わせたものにほかならなかった。それでは次節以降において、同化と排除のナショナリズムが形成される過程を、つまり外国人を排除するシステムが制度化される過程を検討しよう。

2 国民革命としてのフランス革命

臣民から国民へ

近代において、外国人と国民を分ける指標は国籍である。フランス国籍とはフランス市民権のことであった。「国籍とそれに埋め込まれた市民権は、国民国家の構成員として法律で認められた人たちが保有する一定の権利と義務からなる」、といわれるゆえんだ。[8] 参政権や兵役の義務のように、政治的諸権利はつねに国籍保持者の特権であり、国家にたいする義務の当然の代償と考えられた。それでは、国籍や市民権はいつ誕生したのだろうか。市民や国民はいつ出現したのだろうか。それはフランス革命に遡る。「国民」をうたいあげたのがフランス革命であり、国民観念は、フランス人に統一をもたらす概念とみなされた。

一七九一年憲法の第二編第三条に、フランス市民の定義がある。属地主義と属人主義の両原理が取り入れられ、革命の普遍主義をうかがうことができる。フランス人を父としてフランスで生まれた者、外国人を父としてフランスで生まれ、王国内にその住居を定めた者、フランス人を父として外国で生まれ、フランスに帰って居を定め、公民の宣誓をした者、外国生まれとはいえ、宗教的理由で国外追放されていたフランス人の男女の子孫で、フランスに帰国して居を定め、公民の宣誓をする者、以上がフランス市民、すなわちフランス国民と定義され、これに該当しない者が法律上の外国人であった。しかし、外国人もフランスに五年間居留すればフランス市民になることができた。[9]

一七八九年六月十七日に、全国三部会が国民議会と改称したときが、国民誕生の転機となった。半年前にアベ・シエースが、国民とは第三身分のことであり、貴族身分は「異邦人(外国人)」であると宣言し、「国民議会」の召集を要求していた(『第三身分とは何か』)。国民議会への名称変更は、君主主権から国民主権への転換を原理的に示した。国民は、「君主の臣民」(sujet souverain)から「最高の主体」(sujet souverain)へと脱皮したのである。[10] この名称変更には、六月十五日のミラボーの演説が大きく貢献していた。[11] ミラボーは、「全憲法の基礎である国民の代表という原理」を主張し、国民議会の設立によって、国民の代表に主権を事実上委任することで、政治的価値体系の逆転を承認させた。この精神が、一七八九年の人権宣言第三条「すべて主権の根源は本質的に国民のうちに存する」に刻みこまれた。この時期叫ばれた「僧侶身分は国民でない」、「貴族は国民でない」などの言葉も、時代精神を彷彿《ほうふつ》とさせる。一七九〇年七月十四日の連盟祭では、参加者は「国民・法・国王」にたいして誓いの言葉を述べた。さらに一七九二年九月二十日に、「国民万歳」の雄叫びがプロイセン軍の前進を押しとどめていた(ヴァルミーの戦い)。この意味で、フランス革命とは国民革命にほかならず、政治の言説体系に「国民」やナショナリズムが登場する。エリアスは、「国民的体質《ハビトゥス》はむしろ国家形成の過程に密接に結びついていて、種族や国家と同様に時代の流れのなかで発達し変化するものである」と述べているが、[12] まさにこのようなかたちで国民形成をとげたのがフランスであった。それは、同時に外国人を識別するプロセスでもあった。この経緯は「移動の自由」の議論に示されている。

移動の自由と規制

フランス革命によって、封建社会の諸規制が一気に廃止されたわけではない。「移動の自由か、移動の規制か」という問題のように、ジグザグのコースをたどったものが多かった。一七八九年の「大恐怖」の原因は、貴族が夜盗や浮浪者を雇って農村を襲いにくるという噂であったように、移動する人々は恐れられ取り締りの対象となった。また、一七九〇年六月、パリに殺到する物乞いを取り締まるために、国民議会は規制手段を講じ、帰路を記した旅券を発行して故郷や故国へ追い返した。指定された道以外の道をとおった者や、指定された道沿いの町で滞在した者は逮捕されることになった[13]。

このような措置は自由の名のもとに批判されるにいたるが、自由主義派の立場を弱めたのは国王のヴァレンヌ逃亡事件であった。一七九一年六月二十日、召使いに変装して逃亡を企てたルイ十六世が、翌日、国境近くのヴァレンヌで逮捕された。その際、国王が所持していたのは召使いの旅券であった。翌二十一日に国民議会が国境の閉鎖を命じ、二十二日にはパリ市長が、市外に立ち去るときには旅券を携行するように市民に命じた。旅券は、その所持者の身の安全を保障するものになった。しかし移動規制が強化されると、議会の政令を地方に伝える急使すら、市町村ごとに旅券チェックのために足止めをくってしまうという意見が出され、国境地方を除いて国内の移動の自由を求める声は強まった。こうして、ヴァレンヌ事件から一週間後の六月二十八日に、議会は旅券の所持を条件にして外国人とフランス商人に移動の自由を認めた。ただし、商人の旅券は国王の変装事件を教訓にして、旅券の個人番号・氏名・年齢・人相書き・居住教区などが記された。しかも旅券の交付を受ける者は、旅券と旅券登録簿に署名する必要があった。

こうして旅券の性質が変化する。それまでの旅券は、たんに個人の移動を許可するための手段（通行証）であったのに、個人の身分を証明する道具（身分証）に変わったのである。[14]

国王逃亡事件がこのような規制措置を招いたが、憲法制定議会は、一七九一年憲法で移動の自由を保障した。憲法で移動の自由（第一編第三条「何人《なんぴと》も行き、とどまり、立ち去ることのできる自由」）が擁護されたのは、人権宣言に個人の自由がうたわれたことや、規制がなによりも旧制度の象徴と考えられたことが大きいだろう。こうして、一七九一年九月十三日に旅券の廃止をみる。しかし反革命亡命貴族の陰謀がうずまき、オーストリアとプロイセンによる干渉戦争の気運が高まるとともに、立法議会は、一七九一年十一月九日に発したデクレのなかで、国外で祖国にたいする陰謀を企てる者は死罪にあたると宣言した。このデクレは、国王の拒否権発動によって裁可されなかったが、外国人にたいする旅券統制の強化をもたらした。こうして、外国人とは他国からやってきた信用のおけない者だという観念が広まる。このような狭量なナショナリズムにたいして、コンドルセが抗議の声をあげるが、革命政府は「祖国の番人」としての機能を旅券に与えるにいたる。この頃、パリ市が居住証明書の交付を年金受給の要件としたのも、反革命亡命貴族への対策であった。

また、一七九二年一月の議会では、国内の盗賊の横行に対処するために移動の規制が要求されていた。この議論の過程で、旅券が含むべき項目として一七九一年七月十九日の市警察組織法が援用された。その法律は、市当局に、住民の氏名・年齢・出生地・旧住所・職業・生計の手段などの個人情報を集める権限を与えており、これらの項目に答えられない者や虚偽の申告をした者は「不審人物」とみなされた。旅券による統制は、このような「不審人物」を排除するためのものであって、誠実な人間の移動の自由を脅かすものではないと主張された。かくして、旅券は「潔白証明書」となる。

近代的旅券の誕生

旅券による移動の規制や外国人への監視が再開される。国王の逃亡時の旅券には身分と出身地しか記されていなかったが、新たな旅券には氏名・年齢・職業・人相書き・住所・国籍が記され、旅券の発行権限は市に委ねられた。王国を離れる者は、出国の目的を自身が居住する市当局に表明し、それは旅券に明記された。以上の法が、戦雲急を告げる一七九二年二月一日から三月二十八日にかけて可決された。こうして、国外に移動するときには旅券の所持が義務づけられ、絶対王政期よりはるかに広範囲で体系的な規制システムがつくりだされた。しかし国内の移動規制は、物流を滞らせ、物不足という逆効果を生んだので、九月八日に議会は、国境地域や被占領地を除いて先の旅券法を破棄し、自由な流通を復活させた。それは、人権宣言三周年の八月二十六日に、「自由の大義」を擁護した二〇名ほどの外国人に「フランス市民」の称号を送ったことにも表れている。

この頃までは、「フランスにいる唯一の外国人とは悪しき市民のことである」というタリアンの発言にあるように、「外国人」が法律用語として用いられたのではなくて、国籍にかかわりなく革命の敵に「外国人」という政治的レッテルが貼られていた[15]。自由で平等な市民や、法のもとでの平等という理念の反映だろう。したがって、一律に外国人の監視に乗り出したのではなかったが、「外国人」が負の符帳として用いられつつあることに注意すべきだろう。一七九二年九月二十日に政府は身分証制度を導入し、個人は市当局に登録される市民となる。それ以前に、身分データを管理していたのは教区の聖職者であった。つまり、教区簿冊は国家への帰属ではなくて、宗教的帰属を証明するものでしかなかった。これ以降、市民の国家への帰属が深まる。国民公会は十月に亡命貴族をフランスから永久追放し、十一月一日に導入された「公民証[16]」(certificats de civisme)が、翌年二月にすべての公務員に必要とされ、六月にはすべての年金受給者に必要とされた。

政府は、物流のために旅券法を一時的に緩和していたが、このような空気のなかでふたたび旅券統制が厳格になった。この時期、一七九三年憲法一二〇条の庇護権にみられるように、被迫害者の保護か国民の防衛かという二つの見解が対立し、対外戦争という圧力の前で後者の見解が優位を占めた。外国人問題は、監視か援助か、あるいは支援をとおした管理かという問題として今日まで続く。国民公会は、九三年二月二十八日、住所地に不在で旅券をもたないフランス市民に、市当局に出頭して人相・氏名・年齢・職業・住所を申告するように命じた。ヴァンデの反乱やデュムーリエ将軍の裏切りなどの内憂外患の前で、同年三月二十一日に監視委員会が設置され、移動規制や旅券統制はサン＝キュロットの手に移った。九月に「反革命容疑者法」が制定され、「公民証」を拒否された者は「容疑者」とみなされた。監視委員会は、外国人対策だけではなく、徴兵を逃れようとする脱走兵や逃亡者の探索にも従事した。一七九四年初期に、旅券不保持者が公共交通機関を利用することを禁じた県もあった。

外国人の統制

一七九三年三月に公安委員会は外国人の弾圧を要求し、山岳派のカンボンやバレールは、外国人が共和国の領土から立ち去ることを求めた。市ごとに一二名からなる審査委員会が設けられて、申告をおこなった外国人にたいし、居住証明を発行される者と、「二十四時間以内に地区を退去し、一週間以内に共和国を離れるべき者」を審査した。外見だけで外国人を識別し得ないので、「公民審査」をとおった者には、「歓待」の文字と出身国名がはいった三色リボンを左腕につけることとした(一七九三年八月三日デクレ、未実施)。外国人へのまなざしは厳しさを増し、ロベスピエールは、九三年四月にフランス軍を指揮する外国人の将軍を追放すべきことを命じ、七月にカンボンは経済危機も外国人のせいにした。こうして、バスチーユ奪取の日以前からフランスに居住していなかった交戦国の者は逮捕され、身分証や財産の差し押さえが決められた。ロベスピエールも、十二月にあらゆる危機の原因は外国人にあると非難するにいたり、翌九四年五月七日には、「われわれに戦いを挑む結社はすべて犯罪の上に成り立っている」と語った。[17]

テルミドールのクーデタでロベスピエールが失脚して以後、国民公会は旅行制限をゆるめた。一七九四年八月二十三日に国民公会は、パリ地域の旅券業務は、地区総会に諮《はか》ることなく民事委員会によって交付され、区の革命委員会によって査証されることとし、県による査証を廃止した。しかし新制度が行政上の混乱を招いたので、国民公会の法務委員会は県が旅券の発行権をもつとしたが、国民公会は国内旅券と国外旅券を区別し、発行主体も前者は地方行政、後者はそれより上位の行政組織とした。しかし、歓待証や居住証明や旅券が偽造され、また革命の転変によって旅券法も店晒《たなざら》しの状態にあった。一七九五年夏には

「公民証」が廃止され、それは自由の回復として喝采された。

しかし外国人の統制は続く。国民公会は、一七九五年七月十一日法によって、フランス人が県外に出るときは市町村長が発行した国内旅券をもつこと、一七九二年の元旦以後に入国したすべての外国人をフランスから追放することを決定した。被追放者の帰路は旅券に記入された。逆にフランスに入国しようとする外国人は、国境で旅券を市当局に提出し、保安委員会の査証を受ける。審査中、提出者は臨時の「安全通行証」(carte de sûreté)を交付され、滞在許可がおりた者は、人相が記された身分証を受け取ることになる。その身分証には「歓待と安全」と記され、友好国の国民であれば「友愛」と記された。こうしてフランスに滞在する外国人は、はじめて身分証をもたされた。次の段階が、国内における外国人と国民の区別であることは容易に理解できるだろう。

一七九五年憲法の採択(九月二十三日)後、国民公会は再度フランス市民の移動規制に出た。市警察法によって、政府は公印のない旅券をもたずに市や郡を離れることを禁じ、証明書をもたずに郡外で見つかった者は、放浪者とみなされて罰則が科せられた。テルミドール後の国民公会は、下層身分にたいする非難を再開し、立憲議会期にはあった移動の自由の方針から後退した。総裁政府になっても、外国人にたいする旅券規制は緩和されることなく、一七九六年十二月には、正式の旅券の複写が、検事と県の刑事裁判所の総裁政府委員に送られることになった。こうした旅券情報の中央管理は、国民国家の特徴の一つである。[18]

国民と外国人

シエースが国王と臣民の境界線を廃止し、自由にして平等な市民を誕生せしめたが、その市民は領土という地理的境界(国境)の内部に存在し、法律上の国境をもっていた。地理的境界が生まれたことにより、国防の義務が生じた。共和国は祖国の防衛と一体になり、国防の義務が国民の義務となる。市民権の第一の中身である兵役の義務は、国民と外国人の境界をクリアにした。また法的国境によって、権利と義務の点で平等な個人からなる一定の人口をもった共同体が誕生した。人権宣言の「自由、平等な人間とは、事実上国民をさす」のである[19]。市民や国民を生んだ革命は、身分登録の必要性や、国家が国民を識別する方法を国家に与えた。一七九三年二月の徴兵制導入は、旅券と居住証明書の重要性を高める。亡命貴族や、反革命的な夜盗、宣誓拒否僧侶、物乞い、脱走兵や外国人などの移動を規制するために、旅券その他の公文書による統制をおこなった。こうして、市民の国民化と国民の国家への登録が始まり、国民にあらざる者としての外国人が識別されるようになる。身分証政策は、身分証をもたない者を「不審人物」として取り締りの対象とした。

第一共和政成立直後の一七九二年九月二十五日に、「フランス共和国は単一にして不可分である」と宣言され、フランスは、国内にたいして同一性や同質性を求めることによって、対外的な差異を際立てようとした。「統一の探求は、はじめから排除をあてにしていた。……革命が敵の存在を頼みとしたのは、それによって自身の統一を打ち固め得たからである」[20]。国内外の敵を前にして、排除の力学が働き、心理的国境が築かれた。革命的な愛国心は、圧制から解放された諸国民への連帯の基礎にもなったが、反革命容疑者としての外国人にたいする恐怖や憎悪をもたらしもした。兵士ショーヴァンの誕生がそれを物語っている。[21]ルソーはつとに、「どの愛国者も外国人にたいしては冷酷である。というのは、外国人はただ人間であるだけで、愛国者からみれば彼らは何者でもないのだ」、と喝破していたことを付記しておこう。[22]

外国人を追放する法律が一七九八年十月に制定され、それは一八四九年十二月二日法によって再確認されるが、治安制度や行政組織が万全でなかったことや、自由主義の影響もあり、外国人や移民にたいする統制がゆるめられすらした。七月王政期に、数千人の亡命ポーランド人を受け入れたのも、それを物語る。一八三〇年代の議会でも、亡命者と外国人の定義をめぐってさまざまな議論がおこなわれていた。しかし第三共和政初めまで、移民は知識人の関心をあまり引かなかった。フランスの統治エリートは、外国人や移民をフランスの民衆と同列において忌み嫌っていた。フランスの労働者も、「危険な階級」であったことを忘れてはならない。多くのフランス人にとって、「国民」であることにメリットが感じられなかった時代である。徴兵の義務はあっても、無償の初等教育があるわけでもなく、社会保障制度があるわけでもなかった。救貧事業も、国家の行為ではなくて私的な慈善行為と解されていた。このような状況が変わるには、二月革命後に導入された男子普通選挙権が、市民権の一つとして確立する第三共和政を待たねばならない。[23]第二帝政の好況期に、ベルギーとイタリアからおもに入国した移民は、一八八〇年代初めには倍増して百万人に達していた。これらの移民が不況に直面した十九世紀末に、「移民問題」や「外国人問題」が国民的課題として発見されたのである。それは、社会進化論や優生思想の流行と重なった。

3 第三共和政下の国民と外国人

国籍法と社会法

国籍法が制定された一八八九年は、フランス革命百周年行事と万国博覧会が開催された年でもあった。万博の目玉として建造されたエッフェル塔は、共和国と進歩を表象した。しかし、エッフェル塔と向かい合うアンヴァリッドに植民地パビリオンがあった。[24] 植民地パビリオンでは、セネガル、ニューカレドニア、フランス領西インド諸島などの植民地から連行されてきた先住民の集落が柵の中に再現されて、白人の好奇な目にさらされるという「人間の展示」がなされていた。「劣等種族」が「実物展示」され、人種の優劣という観念の「実物教育」がおこなわれた。ヨーロッパ人の帝国意識(文明化の使命)が助長される。ジュール・フェリーが、「優等種族には劣等種族を文明化する義務がある」、と演説したのはこの頃のことである。[25]

普仏戦争の直後に、国民の定義をめぐって仏独の学者のあいだで論争があったように、第三共和政は誕生のときから国民形成を宿命づけられた。[26] 国民を定義することは、国民にあらざる者としての「非国民」を徴しづけることだ。フランスでは外国人問題は、経済(国民労働市場の保護)と軍事的考慮がつねに働く分野であった。[27] 人口の伸び悩みの前で、労働力と兵員不足を補うために外国人に頼らざるを得ないという事態が、移民問題を中心問題に押し上げた。移民の同化と排除の問題が浮上する。移民をコントロールする手段は証明書と法典だ。つまり、国籍法や各種デクレによる外国人の排除や取り締りであり、それを正当化する論理としての「同化不能」であった。一八八八年から八九年にかけて、外国人身分証と国籍法が制定される。

フランスでは国籍法にあたるものは民法典のなかで規定されてきたが、一八八九年六月に国籍法がはじめて制定された。一八八二年四月に上院議員アンセルム・バトビーによって提案され、七年間の議論をへて可決された国籍法は、帰化の促進と属地主義を強化する内容であった。一八五一年には移民第三世代に属地主義を適用していたが、第二世代にも適用したのが八九年法の大きな特徴である。もちろん、属人主義は当然の前提となっている。この国籍法を支持したのは、労働力の確保に躍起となっていた大企業の経営陣と兵士をふやしたい軍、それに外国人との競争を阻止したい労働者代表であった。八九年法は属人主義派への譲歩として、外国人を公務員職から遠ざけ、新しくフランス人となった者に一〇年間参政権を禁じた。その理由は、国民になるための同化期間が必要だというものであった。同化を可能にする義務教育（一八八二年）と一般徴兵制（一八八九年）への楽観的信頼が、共和派にはあった。こうしてフランス人と移民のあいだに、国民と外国人のあいだに一線が引かれる。一八五一年の救貧法が、出自にかかわらず貧者や病人を助けることを施療院に義務づけ、また共済組合法が国籍によって労働者を区別しなかったことを考えると、八九年国籍法との違いがより鮮明である。[28]

第三共和政の社会法の多くは、当然のことながら国民を対象としていた。十九世紀末の諸立法には、フランス人と外国人のあいだに格差を設けるものが多かった。[29]一八八四年の労働組合法は執行部から外国人を排除し、労使調停法は外国人に労働者代表を選出する権利を認めなかった。不況時には、国民労働市場の保護という要求が前面に出てくる。鉱山労働の安全や退職金に関する一八九〇年と九四年の法律に典型的なように、移民は不利な扱いを受けた。また、九八年の労働災害に関する法律は、移民が労災にあっても家族がフランスに住んでいなければ年金の支払いを受けることができず、働けなくなって帰国を望む移民労働者には、三年分の年金と引き換えに年金の支払いは停止された。あるベルギー紙は、この法についてて、フランス共和国は、かつて国王がもっていた「外国人遺産没収権」をふたたび立法化したと非難したほどである。

移民と労働市場

一八九二年十一月、医師会は外国人が医療に従事することを禁止し、労働組合も世紀末に、公共事業に雇われる外国人の数を制限する法律を要求した。労働組合活動家は、公的仕事に就くためには一定期間パリに居住していることを条件とすべしと要求した。一八九九年には、公共工事現場において外国人労働者の割合を制限する法令(パリでは一〇%)が可決された。パリの労働者は労働市場で競争の犠牲になっているると感じるとき、彼らの敵意は季節労働者(たとえばリムーザン出身の石工)と外国人労働者に向かった。なぜなら、季節労働者や外国人労働者は、低賃金で長時間労働し、残業もこなし、また経営者にも従順だからである。

外国人の排除に乗り出す組合も出てくる。ストライキのときに、同じ職場で働いている外国人労働者を解雇するように求める活動家もいた。一八九二年に北フランスのドロクール鉱山(パ＝ド＝カレ県)で働いていたベルギー人が、フランス人によって暴力的に職場から追放される事件があったが、なんとこの鉱山で働く労働者の四分の三がベルギー人であった。また、九三年に土木工組合は、イタリア人にたいして激しい運動を展開した。翌九四年にサディ・カルノー大統領がイタリア人の無政府主義者によって暗殺され、パリではイタリア人労働者の排除を要求するストやデモが展開された。しかしパリよりも地方が過激であり、九三年八月にエグ＝モルトという小さな町で、九名のイタリア人がリンチにあって殺されていた。[30]

このような情勢のなかで、一八九三年八月八日に制定された「フランスにおける外国人の滞在と国民労働の保護に関する法」は、すべての外国人労働者にたいし、当地の自治体に申告して登録することを義務づけた。住所が変わるたびに申告が求められ、収入印紙代を納めると登録簿の抄本が転出先の自治体に送られた。登録などからあがる印紙税収入は、一八九三年で二〇万フランに達していた。警察庁長官は、九一年に有効な管理をするためには、外国人登録課の職員数を職員六名と助手五名に増員する必要があると主張したが、八九年時点の職員は三名しかいなかった。その後数十年で、法定身分証明課、中央外国人身分証課、難民課、国外追放課などが設置された。[31]移民の増加を物語っている。

そこで必要になったのが、増加した移民を管理する技術である。人間を識別する技術は、犯罪者を対象とした人体測定法によって磨きあげられてきた。その権力のテクノロジーが、ノマド(流浪の民)や植民地の先住民との関係にも用いられ、国民と外国人が定義されていく。たとえば、同化不能とされていたノマドを人体測定カードに登録することが一九一二年に決められ、累犯者を対象につくられてきた人相・体形・写真・指紋などによるノマドのカードづくりがおこなわれた。人体測定法による身分証システムは、実は一八八八年十月二日デクレによって、フランスに在住する全外国人に拡大されていた(厳格には実施されない)。これには、八七年に仏独国境で起きたシュネブレ事件による反外国人感情もあずかっていた。二十世紀初めに外国人アナーキストの人名カードが整えられ、すぐにその方式が一般移民にも適用され、「国民的見地による容疑者の個人カード」が作成されたのである。[32]

戦間期の移民政策

第一次世界大戦中の一九一七年四月に、フランスに住む十五歳以上の外国人は、旅券を提示して警察から身分証の交付を受けることで滞在を許可された。身分証は職業ごとに色によって識別された。たとえば、緑色が工業の移民労働者、淡黄色が農業の移民労働者に割り当てられた。ロシア革命とその後の東欧の混乱を逃れる難民や移民がフランスに流入したことで、フランス人のあいだに「外国人嫌い」の感情が高まる。それは、一九二〇年十二月に東欧出身のユダヤ人が致死性の高い伝染病をもたらしたという噂がパリの民衆地区に広まり、上院でも取り上げられたところにうかがうことができるだろう。[33]

第一次大戦のおびただしい死傷者は、人口学的危機をもたらした。そこで、労働力の考慮が優先されて一九二七年八月十日法が制定され、帰化条件の緩和がおこなわれる。フランス生まれの外国人を父親としてフランスで生まれた子、帰化した父親の子、フランス人を母親としてフランスで生まれた子には、フランス国籍が付与されることになる。居住許可証が廃止され、帰化申請年齢が引き下げられた(二十一歳から十八歳へ)。さらに、帰化申請に必要な滞在期間は三年に短縮されたが、これらの措置はヨーロッパ人にのみ適用された。また帰化の失効原則ももりこまれ、新フランス人は一〇年間被選挙権が付与されなかった。戦間期には、ポーランドやスペインからの移民が多くなるが、全人口に占める外国人の割合は、一九一一年の三%から三一年には七%へと倍増し、二七一万五〇〇〇人に達していた。

一九二四年には、大企業の管理下に設けられた総合移民会社が、移民の補充に大きく関与していた。フランスに到着する移民を管理する必要性が高まり、法が整備される。二六年八月十一日法によって身分証は、それまでの登録原簿の抄本ではなくて、「無帽で正面」を向いた写真付きの正式の身分証に代えられ、戸籍や職業のデータも記載された。身分証は二~三年おきに更新され、外国人は、住所の変更ごとに四十八時間以内に当局で査証を受けねばならなかった。三四年には、一〇カ月有効の身分証しか発行されない。五年以上滞在している外国人身分証の自動更新も、ふたたび問題となった。三五年八月には、外国人の職人は職業を付した特別身分証の保持を義務づけられた。三六年十一月、人民戦線政府は、「職人」と大きく太字で記載された身分証を設け、三七年には偽造防止のために、透かし模様入りの身分証用紙が登場した[34]。

このように一九三〇年代に、個人データのカード化が進められる。国籍を取得した外国起源のフランス人(帰化人や外国人の親からフランスで生まれた者)も、取り締りの対象となった。三三年に政府は医学実習をフランス人に限定した。各県に外国人問題専門部がつくられ、外国人中央カード室の設置が内相から訓示された。ヴィシー期の警察長官で、ユダヤ人の一斉検挙にフランス警察を動員したルネ・ブスケもここに勤務していた。この頃全国弁護士連合会も反帰化人キャンペーンを展開し、帰化弁護士には一〇年間の研修を課した。三四年七月に、弁護士たちは法律職が「公務員に準ずる職」であることを認めさせ、法律職から帰化人を締め出す。外国人は、帰化して一〇年後にしか公務員試験を受けられず、年齢制限によって受験資格を失うからである。当時法学部生であったミッテラン前大統領が、外国人排斥のデモに加わっていたのはこの頃のことだ。三八年にダラディエ首相が、政府は市民にふさわしくない帰化人から国籍を奪う手段をもつと主張し、新フランス人は、共和国の市民教育を受けるべきだという理由で五年間参政権を奪われることになる。

三八年五月二日の緊急令は、自国労働者を保護するために外国人の追放をめざし、取り締りが強化された。引っ越しも監視され、国境の県知事は「好ましからざる者」を追放する権限を得た。同年六月には、証明書に加えて、すべての外国人に「健康手帳」がつくられた。もちろん、不健康な外国人を締め出すためである。十一月十二日の緊急令によって、外国人商人がもつ身分証の一ページには「商人」と記された。ユダヤ人の身分証に「J」というスタンプが押されるのは、二年後のことである。職業印と人種印を同一視できないが、恐慌に突入した一九三〇年代の自国民を優先する政策は、結果として外国人の排除をともなった。ヴィシーは、この政策を徹底的に推進しただけではなかったのだろうか。

4　ヴィシーと外国人

外国人の排除政策

ヴィシーは、いわば「大地のナショナリズム」に依拠し、土地に根ざした連帯意識を強調し、エスニックな規準による国民概念を掲げた。そのキーワードは「定住・定着・根づくこと《アンラシヌマン》」である。純血主義や血統原理を強めたヴィシー政府は、定住しないユダヤ人やロマ民族、ドイツやスペインからの亡命者などを排除した。このようにヴィシー政府が排除の対象としたのは、第一に外国人、第二に外国起源のフランス人、第三にユダヤ人である。これらの外国人や新フランス人を公務員や自由業から排除し、フランスから追放した。ヴィシーの「国民革命」とは、「非国民」たる外国人と反体制派を排除する政策であった。それは、外国人登録制度による許可と禁止の政策として実行された。

とくにユダヤ人取締法が悪名の高いものである。ヴィシー政府が成立して一週間後の一九四〇年七月十七日に「行政官、公務員、文官及び武官の職務追放に関する法」を制定して、フランス国籍をもたない非フランス人を父にもつ官吏の罷免に着手した。さらに、七月二十二日法によって帰化の見直しに着手し、一九二七年以降の約五〇万人の帰化書類がチェックされ、一万五一五四人の帰化手続きが無効とされ、このなかには六三〇七人のユダヤ人も含まれていた。四〇年八月十六日と九月十日には、ユダヤ人が医師と弁護士に就くことを規制する法が制定された。十月三日には、フランス市民権をもつユダヤ人を公職から追放した。官公庁、教職、軍、国の助成金を得ている企業の上級管理職、ジャーナリスト、映画や劇場の経営者などの職業からユダヤ人は追放され、自由業への就業も制限された。翌四日には、外国籍ユダヤ人は居住地の県知事により収容所に拘禁されることになる。十月七日には、アルジェリア在住のユダヤ人から市民権を剝奪した。ユダヤ人の取り締りを効率よくするために、ユダヤ人登録カードが導入され、四〇年十月と四一年六月の二回実施された。初回には、北部占領地区に住む一五万人が登録され、二回目には南部自由地区だけでも一一万人が登録された。調査項目は、氏名・生年月日・出生地・性別・家族構成・職業・宗教・フランス滞在期間・国籍・親子関係・現住所・身分証など、多岐にわたっている。「ユダヤ人狩り」は、これらのカードを警察が利用することによって実施された。

パンチ・カードと分類機による機械化された管理技術がもたらす非人間的な側面について、ベテルハイムは次のように述べている。「人間を操作する場合、普通は操作する人の心のなかに、たとえ公然たる拒絶反応ではなくとも、強い抵抗が起こるものだが、パンチ・カードを使えば、良心の呵責《かしゃく》なしに行うことができる。なぜなら、操作する人がやることといえば、ただ氏名不詳のカードをあらかじめセットした分類機にかけるだけであるからだ。そしてカードが分類されれば、機械が最適任と分類した男女に任務を割り当てることはきわめて簡単なことである」[35]。それだけ、人間の分類と抑圧の作業にたいする公務員の心理的障壁も低くなる。第三共和政からヴィシー期に、カード行政にたずさわった公務員の心理も同様であったことだろう。

国民統合の条件

ヴィシーは共和主義や議会制民主主義を否定し、伝統的価値に回帰した。しかし、ヴィシーは国民主義を排除せず、フランス社会の再国民化に取り組んだ。共和政同様に国民統合という政治課題に直面したのである。当然、統合原理は異なっている。共和政は、自由で平等な民主的秩序のなかの国民育成をめざすのにたいして、ヴィシーは、権威的で不平等な位階的秩序のなかの国民づくりをめざすからである。共和国はまず同化を求め、同化しない集団を排除した。ヴィシーは最初から同化を放棄し、まず異質な集団を排除してから残りの成員を統合しようとした。たしかに、同化を条件に国民共同体に外国人を受け入れる共和政と、無条件に外国人を排除するヴィシーを同一に論ずることはできない。しかし、両者に共通の論理があることもまた確かだ。それは、差異は国民共同体の存続とは相入れないというものである[36]。

しかも、共和政が開発してきた国民統合のための技術をヴィシーは利用した。つまり、共和的市民(国民)育成のためとはいえ、共和政もナショナル・アイデンティティ(国民的帰属意識)を構築して、国民の記憶を育成することで国民統合をやりきろうとした。その際、国民性の定義や同化の方法を解明するのに動員されたのが、地理学・歴史学・社会学・人類学などの近代的諸科学であった。たとえば、アンドレ・シーグフリードの『現代のアメリカ』(一九二七年)がその典型だろう。この書物は、一年で一三万部も売れた本である。第一次大戦があらわにした移民の国アメリカにおける「同化の危機」に関心を集中させ、米国の「黒人にたいする白人の防衛」や優生学的政策を語りつつ、フランス人の「根本的同質性」がそれと対比される。彼のアメリカ論は、フランス社会にもあてはまる問題として読まれたはずである。第一部で同化の問題が論じられ、外国人が「近代的アメリカ人の社会的制服の下に外国人の魂を保持しているなら、ついにはいかなる国民ができあがるのだろうか」とか、「外国人の侵入にたいする防衛措置が採られたのは、あまりに遅かったのではないか」という文章は、フランス人の不安をあおったことだろう。また「黒人の集団は同化不能とみなさねばならない」、同化の「融点は種族によって異なる」、「劣等種族の平和的浸透は危険である」、「同化という衛生的な気流が、もはや社会の上から下まで流れなくなるや否や、社会はその統一とともに精神的な健全さを失う」などの文章は、フランス人の排外意識に訴えたことだろう。[37]『現代のアメリカ』が、帰化条件が緩和された一九二七年に出版されたことからもわかるように、本書がフランスの文脈に引きつけて読まれたことは疑いない。また、ノーベル医学賞を受賞したアレクシス・カレルが一九三五年に、毒ガスを用いた優生学的な安楽死を説く『人間、この未知なるもの』を著し、三九年までに二三万部が売れていた。すでに前期第三共和政の小学校副読本として、一〇年間で三〇〇万部も読まれた『二人の子どものフランス巡歴』(一八七七年)は、フランス人に国土を教えなかっただろうか。そこでは「定住」や「定着」、「国民の統一」や「フランスの根本的な類似性」、「古風な農村的フランス」が説かれていた。それ以前のフランスの子どもたちは、フランスの地誌についてほとんど知識をもっていなかった。またラヴィスの歴史教科書『プチ・ラヴィス』は、「祖国」を愛することや兵役と納税という市民の義務を児童に教えなかっただろうか。[38]こうして第一次大戦頃までに、フランス人は学校教育をとおして国民としての意識を植えつけられていく。国民づくりは、同化しない外国人の排除を必然的にもたらすのである。国民統合の過程は、外国人排除の過程でもあった。

行政的連続性

すでにみたように、ヴィシーの外国人排除政策は、第三共和政の諸立法の延長線上に登場した。第三共和政下の外国人は、帰化して一〇年以上たたないとシヴィックな国民にはなり得なかった。ヴィシー体制下ではシヴィックな国民は問題外であったが、ヴィシーは、エスニックな国民モデルからはずれる人々や政治的反対派を排斥するために、許可と追放が一体となった排除システムを完成させた。ヴィシーの許認可政策は、移動許可、滞在許可、労働許可、身分証など多岐にわたり、フランス人も住所変更の届け出が義務づけられ、食糧カードを得るためにも身分証が必要とされた。身分証や許可証の発行こそが、ヴィシー行政の本質であった。許可証を得るためには行政の質問カードに答えねばならない。カードづくりがヴィシー政府の身分証政策の基本となった。個人情報が総合情報室に集められ、さらに新しいカードがつくられていく。身分証をもたない者は「不審者」であり、取り締りの対象となる。こうして四一年四月には、自由地区二〇〇〇万の住民のカードづくりが始まり、各人は一三桁《けた》の番号を付され、そのカードは戦後に社会保障の個人番号として利用されるにいたる。カード化されたのは外国人だけではなかったのである。

ヴィシー時代に突如として、ユダヤ人の排除がドイツに強いられて始まったのではないことも明らかだ。ヴィシーの外国人排除政策は、反ユダヤ主義だけに還元し得ない問題をはらんでいた。だから、ヴィシーは「共和国の価値」から逸脱したと断罪するだけではすまない問題がそこにはあった。外国人にたいする法的差別や迫害の高まりは、近代国民国家の成立と符節を合わせた。たとえば、十八世紀半ばに政府を率いたネッケルはジュネーヴ人であった。またナポレオン三世は、クリミア戦争やイタリア統一戦争や普仏戦争のとき、ロシア人・オーストリア人・ドイツ人を敵性国民とみなさなかったが、帝政に取って代わった共和派の国防政府はドイツ人を拘禁したのである[39]。

ホロコーストに典型的なユダヤ人の排斥は、人種差別的な排外主義のみならず、共和国の法制度や国民規範とも無縁でなかっただけに、第三共和政からヴィシーへの行政的連続性を指摘しうる。共和国の国民共和主義(普遍主義＝同化の論理)とヴィシー体制の国民権威主義(差異主義＝排除の論理)は、政体の原理を異にするが、外国人にたいしてはそれぞれ同化の人種主義と排除の人種主義となって立ち現れた。プラトンは、コスモポリタンでは決してないが、「外国人をまったく受け入れないとか、自国民を絶対に他国へ出て行かせない」というようなことをすれば、「他国の人たちには野蛮で未開な国と見えるでしょう。そのうえ、『外国人追放令』という悪評高い政策を採用しているとか、独善的で頑固な性格の国民だと思われることでしょう」、と記す度量を持ち合わせていた[40]。

5 管理者国家と移民社会

新たなフランス零年

国民国家は、十九世紀のヨーロッパでは、封建社会からの解放と国家の統一をもたらし、二十世紀の植民地では、独立後の国家形成のモデルとなった。このように、国民国家とは統一する力である。貨幣や言語の統一だけでなく、均質な国民を創造し管理する体制である。国民は、すべて登録され管理されねばならない。それを可能にしたのは、権力のテクノロジーの発達だ。すなわち、国家の管理能力の強化と行政管理の中央集権化である。かつては解放の道具であった国民国家は、今日、管理者国家化により、新たな抑圧装置をあわせもつにいたった。革命によって中間集団が解体された国民国家の特徴の一つは、住民が「国家への帰属」を求められることだ。それを証明するのが、戸籍、旅券、身分証である。こうして、国民と外国人が法的に区別される。第三共和政以来進められてきたカードづくりが、外国人から国民一般へと広げられたのがヴィシー期であった。ヴィシー期にすべての人間をカード化し、識別しようという国民総背番号制の先駆形態がみられた。ヴィシーは、復古的な言説とは裏腹に、近代国家が推進してきた管理者国家である。これが、「非国民」を排除したヴィシー体制のいま一つの顔であった。

現代国家も基本的には近代国民国家を継承しているが、国境を越える動きがあることも事実である。現代は、国家とか国境の存在が絶対的なものではなくなってきた時代だ。このような動きは、住民運動や市民運動の興隆とヨーロッパ共同体の成立に押されて、一九七〇年代以降はっきりと現れた。それとともに帰化法もみなおされ、一九七八年に、帰化した外国人の就業制限が撤廃され、八三年には被選挙権も無条件に得ることができ、帰化した外国人への法的差別がなくなった[41]。

一九九二年二月に調印されたマーストリヒト条約は、欧州連合域内での「人の自由移動」を保障し、第八条で、すべての欧州連合加盟国に欧州連合域内のどこに居住しようとも、加盟国の国民は居住国の地方議会の選挙権と被選挙権、欧州議会の選挙権と被選挙権をもつと明記し、従来の国家主権の垣根を低くした[42]。それは、「超国家的市民権」や「開かれた市民権」の登場を予示している。フランスにおいても、「六八年五月」の影響下に起きた「新しい社会運動」にその例をみることができる。それらの運動は、分離主義や連邦制を志向し、従来の国民国家やジャコバン的共和国(単一不可分の共和国)を問いただしている。さらに、イスラム移民の増加によって起きたスカーフ事件が、政教分離という共和国の原理を揺さぶっただけでなく、フランスの同化主義に問題を突きつけた。

たしかに、現代フランス社会の移民迫害とヴィシー期のユダヤ人迫害には、外国人排除という共通点がある。ともに、フランスに同化しがたい外国人という理由による。多文化主義の衝撃とグローバリズム批判が、閉ざされたナショナリズムを強化しかねない現在、フランス国民が外国人とどうかかわってきたのかを歴史的に点検することは重要だろう。近代の主権国家は、治安や失業問題に対処するために、外国人の入国管理をおこなうことが認められてきた。しかし、移民社会の足音が戸口まで聞こえる今ほど、国民国家のメタ理論が求められるときはない。おそらく排除か寛容か、同化か差異の承認かという単純な二者択一の問題ではないだろう。たしかに過度に差異を強調し差異を崇拝することは、人種主義的な考え方にゆきつく。普遍主義のもつ多様性を許容する能力が求められる。相違への権利は相違の絶対化になってはならず、「平等のなかの相違」が必要だ。二十一世紀がスタートした今日、人間の共生に向けた新たな「フランス零年」の幕開けが求められている。それは「普遍主義的な開かれた同化[43]」の道ではなく、「同化なき共生」という困難だが、新しい開かれた市民権(市民的・政治的・経済的権利)の道へと踏み出すことでなければならない。

註

1 エドガール・モラン、古田幸男訳『ドイツ零年』法政大学出版局、一九八九年。

2 エドガール・モラン、林勝一訳『ヨーロッパを考える』法政大学出版局、一九八八年、一五、五六ページ。

3 Charles de Gaulle, *Mémoires de guerre*, t.2 L'unité, Paris, 1956, p.308. 村上光彦・山崎庸一郎訳『ドゴール第二次大戦回顧録Ⅳ』みすず書房、新装版、一九九九年、一四四ページ。

4 Pierre Nora, "Gaullistes et communistes", in P. Nora dir., *Les lieux de mémoire*, t. III–1, Paris, 1992, p.349.

5 両党は、ともに反米であり、ヨーロッパ防衛共同体・欧州の超国家的機構・与党の「第三勢力」などに反対することで「結束」しているかのようであった。*Ibid.*, pp.369–370.

6 Pascal Ory, *Une nation pour mémoire 1889, 1939, 1989 trois jubilés révolutionnaires*, Paris, 1992, ch.7.

7 渡辺和行『ホロコーストのフランス』人文書院、一九九八年、二〇六〜二〇七ページ。渡辺和行「フランスの戦犯裁判」内海愛子・高橋哲哉編『戦犯裁判と性暴力』緑風出版、二〇〇〇年。渡辺和行「二つのパポン裁判と過去の克服」三浦信孝編『普遍性か差異か』藤原書店、二〇〇一年。

8 アリック・G・ハーグリーヴス、石井伸一訳『現代フランス』明石書店、一九九七年、二二九ページ。なお、市民権＝国籍という狭い等式から抜け出るための思想的努力については、エティエンヌ・バリバール、松葉祥一訳『市民権の哲学』青土社、二〇〇〇年。

9 河野健二編『資料フランス革命』岩波書店、一九八九年、一五五ページ。Claude Liauzu, *La société française face au racisme*, Bruxelles, 1999, p.16. なお、一七九三年憲法では、職があるか、土地をもつか、フランス人女性と結婚するか、養子をもつか、老人を扶養する場合には、外国人の在留資格は一年に短縮された。

10 モラン『ヨーロッパを考える』前掲、五一ページ。

11 以下、フュレ、オズーフ編、河野・阪上・富永編訳『フランス革命事典 2』（みすず書房、一九九五年）所収の「国民」「共和国」「公共精神」の項目。

12 ノルベルト・エリアス、青木隆嘉訳『ドイツ人論』法政大学出版局、一九九六年、二ページ。

13 旅券問題については、John Torpey, *The Invention of the Passport, Surveillance, Citizenship and the State*, Cambridge, 2000, pp.21–56. 宮崎揚弘「フランス革命期とその後の時期における旅券の確立」同編『続ヨーロッパ世界と旅』法政大学出版局、二〇〇一年。

14 Gérard Noiriel, *Réfugiés et sans-papiers, la République face au droit d'asile XIXe–XXe siècle*, Paris, 1991, p.51. 身体的特徴（名前・年齢・髪・額・眉・眼・鼻・口・髭・顎・顔の形・顔色・その他の特徴）が克明かつ系統的に記載されるのは、一八一四年の政令以後である（*Ibid.*, p.55.）。

15 Rogers Brubaker, *Citizenship and Nationhood in France and Germany*, Harvard, 1992, p.47. Cf., Sophie Wahnich, *L'Impossible citoyen, l'étranger dans le discours de la Révolution française*, Paris, 1997.

16 公民証をもたないと不利な扱いを受けたことは、小説にも描かれている。アナトール・フランス、大塚幸男訳『神々は渇く』岩波文庫、一九八九年版、一三八、一八二、一八四、二四七ページ。なお、市民主義・公民主義（civisme）という言葉は、フランス革命当時には「愛国主義」の意味が強く、現在でも社会のなかでの義務を強調するときに用いられる（海老坂武『思想の冬の時代に』岩波書店、一九九二年、二六二ページ）。

17 以上、ジュリア・クリステヴァ、池田和子訳『外国人』法政大学出版局、一九九〇年、一九二〜一九九ページ。

18 アンソニー・ギデンズ、松尾精文・小幡正敏訳『国民国家と暴力』而立書房、一九九九年、一四二ページ。

19 クリステヴァ、前掲書、一八五ページ。

20 Jason A. Neidleman, *The General Will is Citizenship*, Lanham, 2001, p.112. Cf., Michael Jeismann, *La patrie de l'ennemi, la notion national et la représentaion de la nation en Allemagne et en France de 1792 à 1918*, Paris 1997, ch.2.

21 ジェラール・ド・ピュイメージュ、上垣豊訳「兵士ショーヴァン」『思想』九一一号、二〇〇〇年。

22 ルソーは、「したがって共和国間の戦争は、君主国間の戦争よりも残酷である」と注記している。Rousseau, *Émile*, Éditions Garnier Frères, Paris, 1951, p.9.（平岡昇訳『エミール』河出書房新社、一九七三年、一〇、五六六ページ）。

23 Gérard Noiriel, *Le creuset français, histoire de l'immigration XIXe–XXe siècle*, Paris, 1988, pp.72–78; Noiriel,

Réfugiés et sans-papiers, pp.37–44. 十九世紀前半の「私的慈善の時代」におけるイル＝エ＝ヴィレヌ県の救貧政策については、小田中直樹『フランス近代社会 一八一四〜一八五二』木鐸社、一九九五年、第六章。なお、一八四〇年代を時代背景とするフローベールの小説には、国内旅券をもっていなかったのでフォンテーヌブローからパリまで、郵便馬車に乗れなかったことや（生島遼一訳『感情教育』下、岩波文庫、一九八七年版、一五三ページ）、旅券の提示を求められた場合の対策（鈴木健郎訳『ブヴァールとペキュシェ』上、岩波文庫、一九八八年版、二四ページ）が記述されている。

24 吉見俊哉『博覧会の政治学』中公新書、一九九二年、一八二〜一八七ページ。

25 Cité dans Tzvetan Todorov, *Nous et les autres*, Paris, 1989, p.349. 小野潮・江口修訳『われわれと他者』法政大学出版局、二〇〇一年、四〇九ページ。Cf., Pierre-André Taguieff, *La force du préjugé, essai sur le racisme et ses doubles*, Paris, 1987.

26 渡辺和行「アルザスとエルザス――ナシオンとフォルクのはざまで」『香川法学』第一六巻第三・四号、一九九七年、一七〜二一ページ。

27 三節と四節については、Gérard Noiriel, *Les origines républicaines de Vichy*, Paris, 1999. に大きく負っている。ノワリエルの本書については、渡辺和行「国民と非国民のあいだ」『奈良女子大学文学部研究年報』（第四四号、二〇〇〇年）を参照されたい。

28 Noiriel, *Réfugiés et sans-papiers*, pp.85–89.

29 Dominique Schnapper, *Qu'est-ce que la citoyenneté*, Paris, 2000, pp.151–152; Noiriel, *Le creuset français*, pp.111–112.

30 以上、アラン・フォール、長井伸仁訳「彼らはいかにして「パリ人」となったか」『西洋史学』一九五号、一九九九年、五四〜五五ページ。Gérard Noiriel, "Français et étrangers", in Pierre Nora dir., *Les lieux de mémoire*, t. III-1, Paris, 1992, pp.285–286. スト中のフランス人労働者に対抗して、ベルギー人坑夫を雇おうとした会社への労働者の敵意は、エミール・ゾラの小説『ジェルミナル』（中央公論社、一九六四年）にも描かれている。

31 Noiriel, *Le creuset français*, p.88, p.104.

32　以上、Torpey, *op. cit.*, pp.107–108; Noiriel, *Le creuset français*, p.99.

33　Ralph Schor, *L'Opinion française et les étrangers en France 1919–1939*, Paris, 1985, p.78; Michaël Prazan et Tristan Mendès France, *La maladie no.9*, Paris, 2001.

34　Schor, *op. cit.*, pp.211–214; Noiriel, *Le creuset français*, pp.90–91, 101–102, 119.

35　ブルーノー・ベテルハイム、丸山修吉訳『鍛えられた心』法政大学出版局、一九七五年、五七ページ。

36　Mette Zølner, *Re-Imagining the Nation, Debates on Immigrants, Identities and Memories*, Bruxelles, 2000, p.34.

37　André Siegfried, *Les États-Unis d'aujourd'hui*, 16e éd., Paris, 1951, c1927, pp.8, 21, 105, 108–115, 124, 325. 木下半治訳『現代のアメリカ』青木書店、一九四一年、一四、三四、一五七、一六二～一七〇、一八四、四五五ページ。翻訳は一九三六年版（第一一版）による。

38　以上、Liauzu, *op. cit.*, p.105; Jacques et Mona Ozouf, "Le Tour de la France par deux enfants, le petit livre de la République", in Pierre Nora dir., *Les lieux de mémoire*, t.I, Paris, 1984, pp.291, 293–294, 296–299, 305. 渡辺和行「義務の共和国――エルネスト・ラヴィスの歴史教育と国民形成」服部春彦・谷川稔編『フランス史からの問い』（山川出版社、二〇〇〇年）所収。

39　Noiriel, *Réfugiés et sans-papiers*, pp.79–80.

40　田中美知太郎・藤沢令夫編『プラトン全集 13 法律』岩波書店、一九七六年、第十二巻、七三五～七三六ページ。

41　Noiriel, *Le creuset français*, p.95.

42　安江則子『ヨーロッパ市民権の誕生』丸善ライブラリー、一九九二年。

43　エマニュエル・トッド、石崎晴己・東松秀雄訳『移民の運命――同化か隔離か』藤原書店、一九九九年、五〇五ページ。

参考文献

ジュリア・クリステヴァ、池田和子訳『外国人』法政大学出版局、一九九〇年。

エマニュエル・トッド、石崎春己・東松秀雄訳『移民の運命』藤原書店、一九九九年。

ツヴェタン・トドロフ、小野潮、江口修訳『われわれと他者』法政大学出版局、二〇〇一年。

服部春彦・谷川稔編『フランス史からの問い』山川出版社、二〇〇〇年。

福井憲彦編『フランス史』(新版世界各国史 12) 山川出版社、二〇〇一年。

三浦信孝編『普遍性か差異か』藤原書店、二〇〇一年。

宮崎揚弘『続ヨーロッパ世界と旅』法政大学出版局、二〇〇一年。

エドガール・モラン、林勝一訳『ヨーロッパを考える』法政大学出版局、一九八八年。

安江則子『ヨーロッパ市民権の誕生』丸善ライブラリー、一九九二年。

渡辺和行『ホロコーストのフランス』人文書院、一九九八年。

補論

フランスの現代国家

諸相と展開

中野隆生

フランスをめぐる国際情勢

ヴィシー体制を否定してレジスタンスに正統性を求めた第二次世界大戦後のフランスは、共和主義的ナショナリズムの文脈にたつことで、国家としてのまとまりと安定を獲得したが、そこにおいて外国人は国民から厳然と峻別され続けた。このように看破したうえで、渡辺論文では、フランス革命以来、普遍的市民原理にもかかわらず、国民統合の原理と裏腹な関係において国民にあらざる人々が排除されてきた事実がたどられる。これが第二次世界大戦から冷戦期にいたるフランスの国家の存立にかかわる指摘であることに異論の余地はない。しかしながら、フランスの現代国家がきわめて多様な領域に足場を築いていたことは誰の目にも明らかな事実である。そこで、以下、国家の正統性を念頭におきつつ、冷戦前半期におけるフランスの国家(本書のいう現代国家)を多面的に概観してみたいと思う。

第二次世界大戦後のフランスは、国際情勢のなかで自らの足元を問い直さざるをえないような状況に直面し、そのことは国家のあり方に決定的な影響を及ぼした。まず、この点を確認しなければならない。

第二次世界大戦において、フランスは、人的には第一次世界大戦ほどの被害を受けなかったものの、空前の物的被害を経験しなければならなかった。また、ナチスによる占領・支配のゆえに国民のあいだに亀裂が生じ、戦後もなかなか癒されなかった。最終的には戦勝国となって、国際連合安全保障理事会の常任理事国にも名をつらねたが、他の西ヨーロッパ諸国とともに、戦後復興では、アメリカの援助に大きく依存しなければならず、米ソの対立が深まり東西冷戦が定着するほどに、西側の一国として行動することを余儀なくされた。加えて、植民地には独立の動きが広範に起こり、これにどう応えるかが深刻な課題として浮かびあがった。国民的まとまりを回復しながら戦後復興を実現し、米ソのはざまで相対的に低下した地位を甘受しつつ、植民地なき国家のあり方を追求しなければならなかったのである。

国家と経済

国際情勢に起因する諸課題には、国民としての連帯を強化して対応しなければならなかった。そうした試みは、とりわけ国家に主導されつつさまざまな領域において展開されたが、なによりもまず、甚大な戦争被害から立ち直ることが必須の要件であった。

フランスでも、第一次世界大戦以降、国家の経済介入を促す主張が唱えられるようになっていた。しかし、左右を問わず経済計画などへの不信感が強かったため、ケインズ主義的な発想はなかなか政策に組込まれず、現実におこなわれる国家の経済介入はきわめて限定的な範囲にとどまった。ところが、レジスタンス運動の過程で、産業国有化や経済計画化を容認する政治的・社会的基盤が醸成され、少なく見積もっても国民資産の四分の一といわれる物的被害を受けた第二次世界大戦が終結すると、ただちに戦後復興をなしとげて経済を再建することが国家的課題として立ち現れ、ここに、フランスの国家は、国有化・計画化というかたちをとりながら、本格的に経済へ介入することになったのである。

おおよそ一九四四年から四六年にかけて、金融部門（銀行・保険）、エネルギー部門（電気・ガス・石炭）、運輸部門（航空）など、産業の基盤たるべき諸部門で国有化が断行された。しかし、鉄鋼業、石油業、化学工業、自動車産業などの重要産業が国有化の対象となることは原則としてなかった。自動車企業ルノーの国有化は対独協力にたいする懲罰をおもな理由とした例外であった。こうした国有化によって戦略部門の企業を自らの指揮下においた国家は、財政資金の投入などをとおして、まず戦後復興ついで産業近代化や経済変革を主導し、やがて五〇〜六〇年代には、国有企業が高収益をあげて、経済発展のリード役を果たすようになった。

四七年からは第一次経済計画（モネ・プラン）が具体化し、アメリカの提唱したヨーロッパ援助計画（マーシャル・プラン）と連動しながら、電気・石炭・鉄鋼・セメント・農業機械・国内輸送という六つの部門で優先的に設備近代化が推し進められた。つづいて、五四〜五七年の第二次計画では、重点とする部門を広げて大衆消費にこたえつつ、経済全体の均衡のとれた発展をめざし、民間企業の活性化に成功して高い成長率を実現した。その後、五八年のヨーロッパ経済共同体(EEC)発足などで経済の開放が求められるなか、優遇税制などの政策的手段を用いて国民や企業を目標に誘導するといった計画が策定され続けた。必ずしも完全に達成されはしなかったものの、四次~五次の計画には住宅供給や国土整備など社会的次元に深く関連した目標が設定されていた。しかし、七三年にオイル・ショックが起きると、六次計画の中断を余儀なくされた。

このような国有化や計画化において、国家が担ったのは、第一に、全体的展望を踏まえた経済の管理という役割であった。公共投資の増減、有効需要の創出、金利の決定といった政策行動を通じて、国家は、密接にかかわる社会的事柄に視線をおくりながら、総合的に経済を調整し運営しようとした。もちろん、そこでは全体の状況を知ることが不可欠であったから、国家は、経済の実態を把握する統計の方法や機構の整備をいそぎ、収集した経済情報を独占的に分析して予測を立てて、経済政策に反映させようとした。ケインズ主義政策の適用である。しかし、実のところ、これは多くの国々で共通して進行した同時代的な現象であったといわなければならない。

よりフランスに特徴的な国家の経済へのかかわり方は、旧態依然たる資本主義という現状認識のうえにたって、近代化を推進し、社会を変えようとしたところにあった。まず、近代化を不可避の使命と確信するエリート官僚に担われた国家は、産業を指導のもとにおき、おもに財政的手法によりつつ、近代化の方向へ誘導しようとした。五〇年代に産業保護がつらぬかれ、経済開放が強いられた六〇年代には企業の集中化などが促されたとしても、方向性に基本的な変更はなかった。第二に、戦略的産業部門を選んでの介入という特徴を指摘することができる。すでに国有化や計画化は戦略的部門で実施されていたが、国際競争への対応、国民の自立に向けての必要、軍事的な要請などに基づきながら、重要な部門を選定しての国家的プロジェクトは六〇〜七〇年代にも続けられた。コンコルドやエアバスといった航空機開発、パリ郊外デファンス地区の整備、高速鉄道ＴＧＶの建設などが、その代表例としてあげられよう。また、農業や製鉄業など部門ごとの産業団体に自主管理的権限を認めて、国家自らは近代化に向けて刺激を与える役割に徹したことも、特色の一つであった。以上のような諸特性が相互に関連しあいながら、現代国家は経済に介入して産業近代化を推進し、フランス社会は「輝かしい三〇年間」と称えられる繁栄を経験したのである。

福祉国家をめぐって

国民の福利を社会生活の諸局面にわたって充実させることも、現代国家が包括的に果たそうとした重要な機能であった。福祉国家ないし社会国家と呼ばれる国家による社会への働きかけのことである。いうまでもなく、社会保障制度がその中核をなしていた。

フランスに、社会を個人の集合体というよりも、固有の一貫性をもつ相互依存と相互作用のシステムととらえる連帯主義が台頭したのは、十九世紀末のことであった。人がなんらかの危険に遭遇したとき、危険を招いた者の責任を追及するよりも、むしろ全社会的連帯に立脚した調整を通じて事態の解消をはかろうという主張である。こうした考え方にしたがって、一八九八年には災害の状況や責任の所在がどうあろうと保障を認定する労災立法が制定された。以後、こうしたシステムがさまざまな生活上の危機への対処法として採用されていったが、一九二八年(最終的には三〇年に成立)の社会保険法では疾病・妊産婦・障害・死亡・老齢といった各種保険をあわせ、商工業の就労者を強制的に加入させようとした。さらに三二年家族手当が制度化されると、すでに機能していた労災保障を含めて、社会保険システムがほぼ包括的に整備されるにいたった。

第二次世界大戦で強まった国民の連帯感を背景として、四五年には労災保障と家族手当を組み込んで包括的な社会保障制度が誕生した。失業にかんしても、まもなく、労使協定に基づく保険がつくられた。大西洋憲章のなかに組み込まれた社会権(生存の保障を国家に求める権利)の意義が改めて認められ、第四共和政憲法や第五共和政憲法に明記されたため、国家には社会保障をめぐって一段と大きな役割が期待されたが、しかし、自律的な関連諸組織を担い手とする社会保険システムを介して保障をおこなう方式は継承され、国家はあくまでも後見的な立場にとどまり続けた。他方において、坑夫・鉄道員など一部の職種に固有の特別制度が残されたため、全国民的に統一された社会保障制度はついに日の目をみなかった。とはいえ、飛躍的に加入人口は増加し、ほぼすべての国民がそれぞれの負担を受け入れつつ社会保障を享受する事態がまがりなりにも現実のものとなった。

大多数の学校が公立である二十世紀のフランスにあって、国家が学校教育の領域で重大な機能を果たしたとしてもなんら不思議ではないだろう。ところで、すでにみた第二次世界大戦後における経済的繁栄のなかで教育の重要性が国民のあいだに認識され教育の大衆化が進むと、国家への期待はことさらに膨らみ、なかんずく前期中等教育が制度改革の焦点として浮かびあがった。

十九世紀以来の伝統を受け継ぐフランスでは、リセ、コレージュからなる中等学校が基礎クラスとして初等教育課程をもつ一方で、初等学校は高等小学校ないし補修クラスという中等教育課程を併設してきた。大学などの高等教育へ大きく開かれていた前者にブルジョワの子弟が通ったのにたいし、後者には労働者など一般民衆の子どもが学んだものであったといわれている。こうした複線的な前期中等教育制度を一本化しようという主張は第一次世界大戦の直後から唱えられてきたが、なかなか具体化せず、第二次世界大戦後に決着は延ばされていた。ところが、問題の解決に第四共和政は積極的ではなく、第五共和政になってはじめて中等教育の一本化が現実のものとなった。制度的な完成をみる七〇年代末へ向けて、小学校(五年間)・コレージュ(四年間)・リセ(三年間)、そして高等教育という単線的な学校制度が事実上形成されていった。この間、義務教育年限が十四歳から十六歳にひきあげられ、また技術職業教育の充実がはかられた。さらに、私立学校にたいする助成がおこなわれるようにもなった。こうした諸施策を通じて、国家は、時代の要請にこたえながら、中等教育の全体を掌握しようとしたのである。ところが、六〇年代に急進展した後期中等教育や高等教育の大衆化にたいして国家の対応は後手にまわり、とりわけ大学において矛盾が蓄積されていった。

国民の健康や衛生的な生活環境も、国家にとって重要な関心事であった。

五〇年代以降、公立病院と民間の病院・医師を相互補完関係においた全国的システムの形成がめざされ、このネットワークのなかに位置づけられつつ、地方中核都市の大学病院センターや僻地の病院が整備された。ここでは運営の面で地方自治体に大きな役割が期待されたが、全体として整備を主導したのが中央政府であったことはいうまでもない。

第二次世界大戦直後の住宅事情はきわめて劣悪であり、大都市の周辺にはスラム街が広がっていた。ところが、民間企業が住宅建設に乗り出すには、両大戦間期から家賃上昇の抑制された状態が続くなど、利潤の出にくい条件が払拭されていなかった。このため、公的介入による住宅供給が強く求められ、五〇年代半ば以降、国家の積極的な財政出動を受けて、たとえば大規模団地のようなかたちで、大量の住宅の建設や供給がおこなわれた。また、やや遅れて大都市の近代化(再開発)も本格化した。ただし、それでも住宅の供給は質量ともに必ずしも十分ではなかったといわれている。

労働問題や労使関係にかんする国家の関与にもふれよう。まず、人民戦線期の成果を継承して、有給休暇日数が、五六年に三週間、六八年には四週間へ増やされ、制度の充実がはかられた。また、最低賃金の設定という新たな試みが制度化されたことも注目に値しよう。さらに、労使協定、従業員代表制などが整備され、やはり国家の主導下に、産業や企業の内部における労使関係のあり方に基本的な方向性が与えられた。

ドゴールと国家

ここまで、フランスの現代国家が、必ずしも直接的な関与ではなかったとはいえ、経済的・社会的領域における方向性を強力に指し示してきたことを確認してきた。ある意味で、その結果、三〇年間の経済発展のなかで、安定した収入・雇用、住居、健康を手にしたうえ、教育を得て社会保障も享受できるといった生活像が、多くの人々のあいだで共有されるようになった。階層的な断絶はなかなか解消されなかったが、選挙権を得た女性の政治や社会への参画は着実に前進した。ところで、こうした社会に人々を導いた国家を考えるとき、シャルル・ドゴールに論及しないわけにはいかない。フランスの現代国家は、ドゴールのもとで、もっとも明確なかたちをとったと考えられるからである。

亡命地ロンドンからナチスへの徹底抗戦を訴えかけたドゴールは、共産党などに導かれたレジスタンスと呼応しながら、植民地などを足場にして対独抵抗活動を展開し、四四年、パリ解放とともに帰還して臨時政府の首班となった。しかし、強力な執行権の確立を求めて、第三共和政のように立法権が優位にある体制をめざす社会党・共産党などと対立し、四六年初めに政権の座からはなれた。その後、第四共和政のもとでは、ヨーロッパ統合への一歩が踏み出されたものの、対米追随政策がとられ、むしろ不安定な政情が続くことになった。とはいえ、戦後すぐのこのころには、経済的目標を追求するなかで国民のまとまりを強め復興をとげるという狙いにおいて、ドゴール派から共産党にいたるまで、基本的な認識は一致していたのである。

大戦直後のフランスには、植民地帝国の継続に異論をさしはさむ勢力はとくに存在しなかった。それゆえ、四六年にインドシナ戦争が始まり、五四年にディエンビエンフーで軍事的敗北をきっして撤退を余儀なくされたことで、なんらかの社会的動揺が生じても不思議はなかったかもしれない。しかしながら、遠隔地アジアにおける戦争に必ずしも国民の関心は高まらなかった。ところが、五四年からのアルジェリア戦争をめぐっては社会的な混乱が広がり、帝国としての威信のあり方と植民地なき国家としての行き方がせめぎあった。これにたいして、第四共和政は適切な対応策をとることができず、多くの国民のあいだにドゴールの再登板が待望されるにいたった。挙国一致内閣の首班に返り咲いたドゴールは、五九年に第五共和政を成立させると、強力な執行権をもつ大統領に就任して、懸案のアルジェリア問題に取り組んだ。やがて国民投票で多数の支持をとりつけたドゴールは、六二年アルジェリアの独立を承認し、混迷状況を克服したのである。

ドゴールによれば、フランスをつくるのは強力な国家であった。国家は、国民の独立と生存を保障し、そのためには何事であろうと実行しなければならない。これをなしえない国家は取って代わられるべきであるとは、ヴィシーにたいする戦いを根拠づけるドゴール流の論理であった。ガリアの昔にまで歴史を遡りながら、アンシァン・レジームにもフランス革命にも第三共和政にも、要するに多種多様な事件や人物に意味を見出しつつ、ドゴールは、フランスにはただ一つの歴史しかないと断言した。また、フランス革命の全人類に通じうる普遍性を高く評価していたように、彼の抱くフランス像は排他的ではなく、ときに対立しあう要素をあわせ飲むごとき質を有していた。人類史的な普遍性を担うフランスの偉大さを、ドゴールは国民にも世界にも示そうとしたのである。

こうしてみると、国家的リーダーシップのもとで、屈辱や分裂の記憶も新しい国民のあいだに連帯を促して経済近代化や社会的福利の充実をもたらし、独立を確固たるものにすることは、ドゴールのめざすところと明らかに適合していた。経済発展とともに利害が多様化して、経済的目標に人々を引きつけることは容易ではなくなっていったが、このことも関連していたのであろうか、他の面においても、フランスの威信を高める施策が積極的に追求された。軍事・外交的には、六〇年に初の核実験を断行し、六六年には北大西洋条約機構(NATO)からの離脱を通告した。それは、完全なる国民の独立を願っての選択であり、軍事面以上に外交面で重い狙いがこめられていた。ヨーロッパ統合もまた、フランスの国家的威信、国際的影響力と密接に関連づけてとらえられ、そのため、国家主権を犠牲にした統合にはあくまでも反対し、イギリスの加盟にも同意を与えることはなかった。わずかな財政支援しかなかったが、アンドレ・マルローを文化担当大臣にすえてフランスの誇る文化遺産の民主化や国際化を促した。国民的アイデンティティを強固にし、世界のなかでフランスの地位を高めるには、芸術、文学、映画などが大きな役割を果たすとみなされていたからである。これとかかわって、アルジェリア戦争のときの報道規制をはじめとして、テレビ、ラジオなどのメディアが国家によって統制されるとともに、おおいに活用されたことも明記しておきたい。こうした報道や表現における自由化が本格的に進むには七〇年代を待たなければならないのである。

さて、ドゴールが強力な大統領権限を行使していた六四年、レジスタンス指導者であった共産党員ジャン・ムーランのパンテオンへの埋葬がとりおこなわれた。国家主導下での国民的連帯を象徴的に示す、この行事は、渡辺論文もいうように、レジスタンスを神話の域にまで高めることに貢献した。レジスタンス神話はドゴール的国民国家において文字どおり枢要な位置を占めていたのである。

現代国家の動揺

現状に対応できない高等教育への不満を直接の契機とした六八年の五月革命は、国家が教え導く権威主義的管理社会にたいする懐疑に支えられて急拡大し、翌年のドゴール退陣へと結びついた。あとを継いだポンピドゥーは、経済を重視しながら、米ソとの協調を進め、統合ヨーロッパの道へゆっくりと転換した。つづくジスカールデスタンのもとでヨーロッパ統合が積極的に推し進められ、偉大なるフランスを追求するナショナリズムは後景に退いていった。八〇年代以降、社会党のミッテラン、ドゴール派のシラクと相次いで大統領に就任したが、基本的流れに変化はなく、国家主権の相対化を受け入れつつ、ヨーロッパのコンテクストにおいて国民国家の行方がさぐられたといっていいだろう。

こうした動きは、とりわけ七三年のオイル・ショックをきっかけにして深刻化した構造的不況や、それにともなう失業の増加など社会問題の表面化ともからみあって、やがて福祉国家としてのフランスを原理的に揺さぶる事態にまで連なっていった。他方において、地方主義運動や地方分権化への動きが表面化し、フランス生まれの移民第二、第三世代が増加するなど、多文化状況が現実のものとなった。国民国家としての枠組みまでが揺さぶられかねない動きが生まれたというべきであろう。そうしたなかで、かつて人々に共有されていた国民を指導する存在としての国家への信頼は徐々に薄らぎ、レジスタンス神話の虚構性が白日のもとにさらされるようになった。フランスにおける現代国家の正統性は動揺し、人々が国家へ向ける期待や眼差しも変質したのである。

参考文献

柴田三千雄・樺山紘一・福井憲彦編『世界歴史大系 フランス史 3』山川出版社、一九九五年。

F・キャロン、原輝史監訳『フランス現代経済史』早稲田大学出版部、一九八三年。

加藤智章「フランス社会保険制度の構造とその特徴――ラロック・プランの成立まで」『北大法学論集』第三五巻第三・四号、一九八四年。

廣田明「フランスにおける福祉国家の成立――福祉国家の思想史のために」『社会労働研究』（法政大学）第四五巻第四号、一九九九年。

Agulhon, Maurice, *De Gaulle. Histoire, symbole, mythe*, Paris, Plon, 2000.

Do., *La République, Histoire de France Hachette*, Paris, Hachette, 1992.

Compagnon, Béatrice et Thévenin, Anne, *L'école et la société française*, Paris, Complexe, 1995.

Prost, Antoine, *Éducation, société et politiques. Une histoire de l'enseignement en France de 1945 à nos jours*, Paris, Seuil, 1992.

Rioux, Jean–Pierre et Sirinelli, Jean–François (dir.), *Histoire culturelle de la France, t.4, Le temps des masses, le XXᵉ siècle*, Paris, Seuil, 1998.

Rosanvallon, Pierre, *La crise de l'État–providence*, nouvelle édition, Paris, Seuil, 1992.

Do., *L'État en France de 1789 à nos jours*, Paris, Seuil, 1992.

Do., *La nouvelle question sociale. Repenser l'État–providence*, Paris, Seuil, 1995.

Soulignac, Françoise, *La banlieue parisienne. Cent ans de transformation*, Paris, La Documentation Française, 1993.

Vavasseur–Desperriers, Jean, *La nation, l'État et la démocratie en France au 20ᵉ siècle*, Paris, Armand Colin, 2000.

スウェーデン福祉国家における正統性の危機

石原俊時

国家の危機とそれへの対応

本書では、現代国家として第二次世界大戦後から石油危機までの国家を対象としている。小論では、その一つの事例としてスウェーデン福祉国家を取り上げ、その正統性が危機にさらされている現状を歴史的にどのように把握したらよいのかという問題を検討することとしたい。その際、国際情勢あるいは国内社会の変動がスウェーデンに投げかけた課題はなんであり、それにどのように対応していったのか、また、そこから新たに如何なる問題が生じてきたのかという点に注目することとする。というのも、スウェーデンが、国内外からつきつけられたさまざまな課題に直面し、それに対応するという現在にいたるまで継続的に繰り返されてきた過程のうえに、スウェーデン福祉国家の生成・展開とともに、現在におけるその正統性の危機の状況を歴史的に位置づけられるのではないかと考えられるからである。さらに、そうした過程から、スウェーデンの社会あるいは社会発展の特質をよく窺えるとも思われる。小論での検討は、そのような試みの第一歩である。

二十世紀初頭におけるスウェーデンの危機と「国民の家」

第二次世界大戦後から石油危機までの時期は、スウェーデンにとり、高度経済成長を謳歌し、完全雇用のもとに所得水準の平準化や高度な社会保障水準を実現して、福祉国家として世界に知られるようになった時期であった。その時期は、争議は稀で労使関係は平穏であり、社会秩序も安定していた。年配の者が、しばしば、古き良き時代として懐かしむこの時期は、一九三〇年代に成立した社会民主党政権のもとで開始された福祉国家建設が軌道に乗った「収穫期」(skördetid) であるとも「国民の家 (folkhem) の時代」とも呼ばれている。

「国民の家」とは、社会民主党の二代目の党首となったペール・アルビン・ハンソンが唱えたスローガンで、すべての者が家族のように自由で平等である国民相互間の連帯に基づく国家を意味する。一九三〇年代以来、福祉国家は、そのような「国民の家」のスローガンのもとに築き上げられてきたのである。しかし、「国民の家」の言葉を最初に政治的に用いたのは、戦間期のハンソンではなく、二十世紀初頭の政治学者ルドルフ・シェーレーンであった。

彼は、一般には「地政学」(geopolitik) の創始者として知られているが、保守主義の政治家として活躍した人物でもあった［石原 1997–98 参照］。彼が、「国民の家」を唱えたのは、当時のスウェーデンを取り巻く内外の状況が背景にあった。彼は、これをスウェーデンの存亡にかかわる深刻な危機だととらえたのである。

第一に、一九〇五年に、ナポレオン戦争後に成立したスウェーデンとの同君連合から、ノルウェーが独立した。これにより、フィンランドを介してのロシア、南からのドイツの脅威に加え、ノルウェーを介してイギリスの脅威を直接に感じることとなった。ノルウェーの独立は、かつてバルト帝国と呼ばれた北欧の大国としての威信が完全に喪失したばかりではなく、帝国主義列強の直接の脅威にさらされながら、小国として生き残らなければならない状況に陥ったことを意味していたのである。これがシェーレーンにとって、根本的な問題であった。

第二に、シェーレーンによれば、こうした危機を克服するために有機体としての国家の生命力を十分に発揮させねばならないが、それには何より国民的連帯（nationell samling）を成立させねばならなかった。にもかかわらず、国内では、工業化の進展にともない労使対立が激化するとともに、労働運動、禁酒運動、自由教会運動が、下層中間層や労働者階級を大量に動員して政治的民主化を迫っていた。これらの運動は、「国民運動」（folkrörelser）と呼ばれた。つまり、当時の保守主義者には、いわゆる「社会問題」あるいは「労働者問題」に積極的に取り組むと同時に、労働者階級に参政権を与えつつも、なんとか既存の社会秩序のうちに取り込み、社会主義的変革を回避するという課題がつきつけられていたのである。

第三に、さらに悪いことに、工業化の本格的展開を迎えたとはいえ、なお貧しい農業国であったスウェーデンから、アメリカへの大量移民が続いていた。これは、国防を担い、労働力としてスウェーデンを支えるべき若者が減少していくことを意味した。これを食い止めるためには、国際競争力をもつ産業を育成し、雇用機会を拡大するとともに、生活水準を上げていかなければならなかった。政府が選任した移民調査委員会の報告書でも、アメリカ的な大量生産方式をスウェーデンも導入する必要があることが主張されていた。

シェーレーンは、以上のような危機にたいし、保守主義の主導のもと、社会政策を推進し、民主化の要求に対応しつつ国民的連帯を実現し、国内の諸資源を有効に活用することによって工業化を推進して国力を充実させることを提案した。彼は、このようにして帝国主義列強の圧力に抗して生き残り、さらにはスウェーデンの新たな「大国」の道を模索することを主張したのであった。そうした政策のスローガンが、「国民の家」であった。

このように、シェーレーンは、当時のスウェーデンが直面していた危機を把握し、それにたいしてスウェーデンが取るべき方向性を指し示した。しかし、シェーレーンの議論は、国民を保守主義のもとに統合することにはつながらなかった。隆盛を誇る「国民運動」と競合して国民を糾合できなかったし、そもそも当時のスウェーデンにおける保守主義の展開に大きな影響を与えたものの、そのなかで主流となることはなかったのである。

スウェーデンの繁栄と「国民の家」

それにたいして、国民統合に成功したのは、戦間期の社会民主主義労働運動であったといえよう。しかも、「国民の家」のスローガンを用いてのことであった。「国民の家の時代」の繁栄を誇ったスウェーデン福祉国家は、まさにシェーレーンの認識した危機にたいする一つの解決を示したものであったととらえられる。

第一に、国民の誰をも恩恵の対象とした普遍主義的社会保障制度は、シェーレーンのいう国民的連帯のための主要なメカニズムであった。社会保障制度は、とりわけ一九五〇年代末の付加年金制度の成立以来、おもな受益者の範囲を中間層にまで拡大した。強固な福祉国家の支持基盤が形成されたのである。多くの者が、七〇年代以降の福祉国家の危機を迎えても、少なくとも九〇年代までは、スウェーデン福祉国家が他国に比して大きな動揺をみせなかった理由を、ここに求めている［たとえば、Marklund 1988］。

第二に、普遍主義的な社会保障制度を支える枠組みとして、労使中央組織間の交渉が労働市場全体での賃金動向を規定した中央集権的な労使交渉システムがあったことがあげられる。この枠組みのもとで、ブルーカラーの労働組合運動の中央組織ＬＯは、同一労働・同一賃金を原則とする連帯賃金政策を追求した。これにより生産性の低い企業・産業は淘汰《とうた》され、経済構造の高度化が進み、経済成長が促された。国家は、労働力の移動を円滑に促すための積極的労働市場政策をおこない、こうした経済構造の高度化を側面から支えた。スウェーデンでは、ケインズ主義政策による需要管理と並び、合理化を促すサプライサイドの政策が重要な位置を占めていたのである。さらに、賃金交渉では、生産性の伸びの枠内にインフレを抑止することも意図された。こうして、スウェーデンでは、経済成長、インフレ抑止、分配の公正の同時実現が追求されていった。実質賃金が上昇し、生活水準が改善されるとともに、なおかつ賃金の平準化が進んだのである［Hedborg 1989 参照］。

第三に、立法・行政の領域においては、レミス制や国会委員会制度にみられるように、労働組合や使用者団体に代表される諸利害団体の代表が、政治的意志決定過程や政策の実施過程に参加し、たがいに利害を調整しあうシステムが確立した。国民は、なんらかの利害団体（中間団体）に所属することにより、各自の意向をそうしたプロセスに反映させていくことが可能であった。このシステムは、そのように国民一人ひとりの政治的影響力を高めて民主主義を拡充していく機能だけではなく、逆に諸利害団体を通じて国民の同意を取り付け、政策遂行をスムーズにする役割も果たした。このようなスウェーデンの政治システムは、アソシエーション民主主義と呼ばれる。また、このシステムは、中央集権的労使交渉システムと同様に、「国民運動」を下からの圧力として展開した民主化過程において成立してきたのであり、スウェーデンにおける「国民運動」の伝統を反映していたといえる［Johansson 1952］。

第四に、国際関係のなかでのスウェーデンの位置がある。以上のようにして、スウェーデンは、高度な社会保障制度と順調な経済発展に支えられ、福祉国家のもとに国民統合を実現した。福祉国家は、政党の枠を超えた国家の政治方針となり、イデオロギーの終焉も取り沙汰された。このように福祉国家の国際的なモデルとなったことが、スウェーデンの国際政治における地位の向上を促したことは疑いない。それのみではなく、スウェーデンは、東西冷戦が続くなか、非同盟中立の立場を貫き、第三世界の植民地からの解放を支援し、国連のもとで世界平和を推進していくことを外交政策の中核とした。ウーロフ・パルメ首相によるアメリカの北爆批判を、すぐに思い浮かべることができるであろう。両者があいまって、スウェーデンは、国際政治において、人口八〇〇万の国にしては不釣合いな存在感を示しえた。また、ナポレオン戦争以来、大国間の戦争に巻き込まれず、中立政策を取り続けていたことが、一昔前にはヨーロッパの辺境にある貧しい国にすぎなかったのであるが、今やかつてないほどの繁栄を誇っていることの前提となっているという意識を生み出した。こうして中立政策はなかば絶対的な国是とされ、社会民主党政権下で隆盛を極めているスウェーデンにたいし、西欧諸国は、保守のヨーロッパ、資本のヨーロッパ、カトリックのヨーロッパであり、自己とは異質なものとみなされることとなる。それゆえ、ヨーロッパ統合にたいしては、概して冷淡であった。さらに、このような国際関係のなかで生じた、いわば、一国福祉国家主義のアイデンティティが、福祉国家のもとでの国民的連帯を強化したのである[Stråth 1992]。それは、スウェーデンがもっとも「スウェーデン的」なるものを獲得した瞬間でもあった。

繁栄の陰で

しかし、「国民の家の時代」のスウェーデンは、実際には、さまざまな矛盾や不公正をかかえていたのであり、けっして理想的な社会を築いていたとはいえなかった。

たとえば、一九七〇年代の半ばにおこなわれた「国民運動」論争が想起される。時の首相ウーロフ・パルメが、「国民運動」の諸活動にたいして国家援助をおこない、それを通じて民主主義を活性化することを提起したことに端を発するこの論争は、「国民運動」がもはや民主主義の基盤として機能していないことの認識を背景としていた。とくに社会民主主義労働運動は、政治権力との一体性を強め、巨大な官僚制組織を発達させていた。運動のメンバーが意志決定に影響力を及ぼすことは困難で、一部のエリートが組織を支配するようになる一方、かつてはさまざまな余暇活動を展開し、メンバーの日常生活の不可欠な部分をなしていたのだが、娯楽産業の台頭などにより、そうした活動も衰退した。労働運動は、メンバーの自己実現の場ではなくなっていたのである。こうして福祉国家の繁栄の陰で、アソシエーション民主主義は空洞化しつつあった[石原 1995、第五章 参照]。

他方、前述したように、普遍主義的社会保障制度は、中央集権的な労使交渉システムが存在した。そこでは、ＬＯによって連帯賃金政策が推進され、経済構造の高度化が促進されただけではなかった。こうした枠組みの前提として、労使双方が国民的生産力の成長に責任をもち、経営合理化を推し進めることの合意が形成されていた。たとえば、一九四八年の労使中央組織間で結ばれた労働研究協約は、労使協力して労働研究を実施し、経営合理化を推進することを旨としていた。こうした労使の合意に基づき、スウェーデンではテイラー主義的労務管理が普及することとなる。しかし、その普及は当然、従来の仕事のやり方を無効にし、熟練の解体や労働の貧困化をもたらした。それにたいする不満は、ＬＯや産別労連の圧力によって押しつぶされていった[Sundgren 1978]。このようなテイラー主義的労務管理にたいする不満は蓄積され、労働運動の官僚制化にたいする不満とあいまって、一九六〇年代末から全国に広がった山猫ストライキの嵐というかたちで爆発することとなる。

また、女性の問題がある。スウェーデンでは、第一次世界大戦後に女性参政権が認められ、法的権利において男女の平等は確立した。しかし、「国民の家の時代」にはいって実際に進んだのは、男女性別分業の普遍化といった事態であった。つまり、家族労働が一般的であった農業人口が急減する一方、実質賃金の上昇を背景として、男は仕事、女は家庭といった分業が、労働者階級にも浸透してきたのである。しばしば、このような性別分業は、一九三八年に労使中央組織どうしが交渉手続きを定め、その後の平穏な労使関係の出発点となったサルトシェーバーデン協約における労使の歴史的妥協の陰に隠れた、「第二の妥協」と呼ばれる。また、たとえば、社会民主主義労働運動（党・労組）は、成人男子熟練労働者を中核とする階層構造をもっていたことが指摘されている。実質的権力は、男性が握っていたのである。さらに、主婦の不払い労働は、夫の実質賃金の上昇を下支えした。つまり、こうしたジェンダー秩序が、「国民の家の時代」の福祉国家における社会秩序・経済秩序の一つの支柱をなしていたと主張されている［*Demokrati och makt i Sverige*, Kap. 3］。

その他、マスコミを通じて世界的に知られるようになった事柄として、強制避妊手術の問題がある。スウェーデンでは、知的障害者をおもな対象として、一九三四年と四一年の断種法に基づき、一九三四年から七六年までに六万三千件余りの強制避妊手術がおこなわれたといわれる。元来は、遺伝病の回避を目的としていたが、法制化とともに、より社会的な目的に利用された。つまり、性生活・道徳・子育てに問題があり、育てられる子どもの人格的な発達が危ぶまれる者も対象となったのである。当時の社会通念では、仕事に責任をもつのは男性であり、性生活・道徳・子育てに責任をもつのは女性であった。それゆえ、実際に対象となったのはほとんどが女性であり、多くが公的扶助に頼る未婚の母であった。すなわち、強制避妊手術の問題は、「国民の家の時代」の福祉国家が自己の意に添わぬ者を排除しようとしていたことだけではなく、そのことと当時のジェンダー秩序が深く結びついていたことを示しているのである[Runcis 1998]。

一方、スウェーデンは、現在でも人口八九〇万人にすぎない。それゆえ、国内市場は狭く、自国の経済発展にとり、海外市場は不可欠であった。とくに戦後におけるヨーロッパの経済復興や経済統合の進展にともない、商品・資本の輸出入に占める西欧諸国の比重は増大していった。一国福祉国家主義が標榜されるなかで、西欧諸国との経済的結びつきはますます強まり、のちのEU加盟が準備されていたのである。

なお付け加えるべきことは、移民の存在であろう。とくに一九六〇年代の高度成長期から急激に増加しはじめた。今では、全人口のおよそ一〇%が外国の出自をもつといわれている。当初は、フィンランドやユーゴスラヴィアなどからの者が多かったが、しだいにアラブ系なども増えていった。この問題が深刻化するのは、七〇年代以降のことであるが、スウェーデンは、多民族・多文化化のなかで、どこまでを国民とするのか、国民の新たなアイデンティティをどのように確立していくのかを課題としてつきつけられてきていたのである。

福祉国家の危機と再編

たしかに石油ショックの到来は、スウェーデン福祉国家にとり大きな転機となった。しかし、それ以前から前節で示したような矛盾は顕在化していた。そしてそれらの矛盾にたいする取り組みも、福祉国家の危機以前からおこなわれ、危機を迎えても進められたのである。それゆえ、一九七〇年代および八〇年代は、「国民の家の時代」を支えた制度的枠組みが解体していったスウェーデン福祉国家の危機の時代であると同時に、それらの矛盾を克服する努力が重ねられ、狭義の社会保障の領域を超えて社会サーヴィスの領域でも普遍主義的社会福祉制度を発達させた福祉国家の再編期でもあった。

たとえば、先にふれたように、労働運動組織の官僚制化やテイラー主義的労務管理にたいする労働者の不満は、山猫ストライキの嵐となって顕在化した。それは、離職率・欠勤率の上昇というかたちでもあらわれ、使用者はそれへの対応を余儀なくされた。こうして、七〇年代には、使用者主導のもとに、いわゆる「労働の人間化」といわれる作業組織改革が進み、テイラー主義的労務管理の見直しがおこなわれた。これにたいし、LOは、企業民主主義を推し進め、企業の意志決定に従業員が参加することにより、そうした不満を解消しようとした。その結果、一九七六年の共同決定法に代表される一連の労働立法が実現した。八〇年代には、それによって成立した企業レヴェルの共同決定機構に基づき作業組織改革がさらに進展していった。このことは、企業レヴェルの労組組織の自律性を高め、LOの分権化にもつながった。

一方、六〇年代末より、ホワイトカラー労組が労使中央交渉に自律的な交渉主体として振る舞いはじめ、ブルーカラー労組(LO)と賃上げを競うようになった。そこに石油ショックが到来し、生産性が伸びないのにもかかわらず、賃金上昇を押しとどめることが困難となり、スタグフレーションが進行した。労働組合運動内でも、LOの賃上げを制御する努力のもとで、比較的高賃金である輸出産業と低賃金である国内産業のあいだや、民間セクターと公共セクターのあいだで利害対立が顕在化した。

また、共同決定法に代表される一連の労働立法は、労働市場の問題に国家が介入することのみならず、使用者の経営権にたいして労働者側が見直しを求めることを意味した。これは、第二次世界大戦後の労使協調の前提を掘り崩すことでもあった。さらに、経済の国際化が進展するなかで、企業はもはや国内の交渉にエネルギーを費やすことが煩わしくなってきた。それに加え、石油ショック後、標準化・規格化された商品は受容されず、消費が個別化する傾向を示すようになり、世界市場はますます不安定となった。そのなかで、情報の収集とそれに基づく迅速かつ柔軟な対応がますます企業の生死を決するようになり、中央集権的労使交渉のような横並びで一律の規制を嫌うようになった。このような状況は、八〇年代に、上述のようにスタグフレーションに対処できず、もはや機能しなくなっていた中央集権的労使交渉システムの解体をもたらした。こうして、これまで福祉国家を支えていた大量生産・大量消費に基づくフォード主義的な調整の枠組みは解体していった[石原 2000: Ⅲ 参照]。

他方、すでに六〇年代には、おりからの高度経済成長のため労働力不足が深刻化し、女性の労働力市場進出が促され、既存のジェンダー秩序とのあいだに矛盾が生じていた。それゆえ、男女平等を求める声が高まることとなる。一九六〇年には、LOと使用者団体の中央組織SAFは、協約において「女性賃金」の項目をなくしていくことに同意した。七一年には、夫婦分離課税制度が導入され、一九八〇年には男女平等法が成立して、女性の労働市場進出を支える法的環境が整備された。さらに、六〇年代後半から徐々に、学校での朝食・昼食、育児・老人介護、病人介護など家庭のさまざまな機能が公的な社会サーヴィスに担われるようになり、女性の労働市場進出を促した。同時に、こうした機能の統合が福祉国家の拡大をもたらし、そこに女性労働力が吸収されることとなる。女性の多くは、公共セクターに雇用され、医療、介護、福祉などの分野で活躍したのである。こうした傾向を、石油ショック以後の経済不況のもとでの完全雇用維持政策が促進した。つまり、福祉国家の危機以後、女性の労働市場進出がいっそう進むとともに、それが公共セクターの特定の職業に集中する労働市場の二重化というかたちで進行した。従来の性別分業・ジェンダー秩序は克服されたが、新しい性別分業・ジェンダー秩序が生成したのである。それは、普遍主義的社会福祉制度の発達がはらんだ新たな矛盾でもあった[*Demokrati och makt i Sverige*, Kap. 3: 3–4]。

なお、七〇年代後半から、就学前学校から高等学校まで、全額国の費用で、母語(hemspråk)教育がおこなわれているように、移民の社会への統合や多文化社会化へのスムーズな移行を促す努力も積み重ねられている[Jonsson 1999 参照]。

こうして、スウェーデンでは、従来の福祉国家の繁栄を支えてきた枠組みが崩れはじめ、さらに諸問題への対応の過程でさらに新たな問題が生じてきたとはいえ、社会サーヴィスの領域を中心に普遍主義的社会福祉制度のいっそうの充実をみた。「収斂の終焉」(ゴールドソープ)と呼ばれるのも、このような状況が存在したからであったといえよう。

「国民の家」は何処へ

しかし、一九九〇年代を迎え、「国民の家の時代」に福祉国家の繁栄を支えた枠組みの解体は、いっそう進んだ。

まず、アソシエーション民主主義の枠組みが解体していった。上記のように、経済の国際化が進み、使用者利害は、もはや国内での他の利害との調整を労多くして益がないものとみなすようになっていた。そこで、特定な利害のみが政治的意志決定過程に加わることは非民主的であるとの理由を主張して、SAFは、九〇年代にはいり、政府委員会などから代表を引き揚げた［Rothstein and Berström 1999］。

さらに、一九九〇年にスウェーデン版バブルが崩壊して、深刻な不況が到来した。そのため、スウェーデンでも、石油ショック後も維持されていた完全雇用は、ついに政策目標からも外さざるをえなくなった。こうして大恐慌期以来の高い失業率がもたらされた。さらに、健康保険や年金制度の改革にみるように、社会保障費の切り詰めが実施された。財政難から社会福祉の水準を維持することは難しくなっているのである。また、受給資格制限などによって道徳的効果を期待するなどといった議論も出されるようになったのであり、社会福祉制度の普遍主義についても見直しが求められている［Eklund et al. 1993: 5 参照］。

そのうえ、冷戦構造は解体し、スウェーデンは一九九五年にEUに加盟した。もはやスウェーデンは、一国福祉国家主義のアイデンティティによって国民統合を強化することはできなくなった。さらに、現状では、EU加盟によって利益を得た者と得ない者の差が顕在化し、EMU加盟問題など、今後どれだけヨーロッパ統合にコミットしていくのかをめぐって国内での対立が深まっている［*Sverige och EMU* 1999 参照］。

スウェーデンは、これまでみてきたように、国内外に生じたさまざまな問題に直面しつつも、これに対応し、福祉国家を発展させてきた。しかし、以上のように、現在では、約一世紀前にルドルフ・シェーレンが直面したスウェーデン国家の危機に対応して築いてきた、さまざまな社会的・経済的・政治的枠組みはもはや解体してしまったか、解体に瀕している。こうした状況は、「国民の家の時代」のスウェーデン福祉国家の特質をあらわした「スウェーデン的なるもの」の喪失と同時に、スウェーデンが、今や約一世紀前と同様の危機に直面していることを意味していると考えられる。スウェーデン福祉国家は、なおシェーレーンのいうような有機体としての生命力を有し、積み重なる諸問題に対処していけるのであろうか。そのうえで、新たな国民的連帯の枠組みを構築し、ふたたびあるいは新たに「スウェーデン的なるもの」を獲得できるのであろうか。それとも、ヨーロッパ統合あるいはグローバリゼーションの波に呑みこまれ、「スウェーデン的なるもの」をまったく喪失し、国民的連帯の基盤としての正統性も失ってしまうのであろうか。今や、こうした岐路にさしかかっているように思われる。

参考文献

石原俊時「スウェーデン社会民主主義の歴史的展開」西川正雄他『もう一つの選択肢』平凡社、一九九五年。
石原俊時『市民社会と労働者文化』木鐸社、一九九六年。
石原俊時「もう一つの「国民の家」」上、中、下、『立教経済学研究』第五一巻第一、三、四号、一九九七～九八年。
石原俊時「ボルボとスウェーデン・モデル」『土地制度史学』第一六七号、二〇〇〇年。
Demokrati och makt i Sverige. Maktutredningens huvudrapport. Allmänna förlaget, SOU 1990: 44.
Eklund, Klas, Göran Färm and Bo Göransson, “Samtal: krisen, välfärden och framtiden”, *Tiden* 1993: 5.
En nationell handlingsplan mot rasism, främlingsfientlighet, homofobi och diskriminering, Stockholm, Fritzes, SKR 2000/01: 059.
Hedborg, Anna and Rudolf, Meidner, *Folkhemsmodellen*, Stockholm, Rabén & Sjögren, 1989.
Johansson, Hilding, *Folkrörelserna och det demokratiska statsskicket i Sverige*. Karlstad, Gleerup, 1952.
Johansson, L. Anders and Lars Magnusson, *LO andra halvseklet*, Stockholm, Atlas, 1998.

Jonsson, Lilja, Sally, *Den mångkulturella skolan: ideal kontra verklighet*. Göteborgs universitet, IPD–rapporten 1999: 12.

Marklund, Stefan, *Paradise Lost?* Lund, Arkiv förlag 1988.

Rothstein,Bo and Jonas Berström, *Korporatismens fall och den svenska modellens kris*, Stockholm, SNS förlag, 1999.

Runcis, Maija, *Steriliseringar i folkhemmet*, Stockholm, Ordfront, 1998.

Stråth, Bo, *Folkhemmet mot europa*, Stockholm, Tidens förlag, 1992.

Sundgren, Per, "Införandet av MTM–metoden i svensk verkstadsindustri 1950–1956", *Arkiv för studier i arbetarrörelsens historia*, nr. 13–14, 1978.

Sverige och EMU, tlm häfte 38, nr. 1, 1999.

III

社会主義を演技した国家

ソ連国家再考

石井規衛

1 現代国家像の再考

問題の所在

第二次世界大戦ののちに主要な戦勝国の一つとして登場したソ連は、ながらく大戦後の国際秩序の決定的な構成要素となってきた。七〇年代にはアメリカとの軍事的なパリティー(同等性)を実現することにより、世界を二分するもう一つの国家になったかのようである。ソ連国家が二十世紀の後半を、すなわち現代世界を特徴づける国家の一つであったことには、誰もが同意できる事実であろう。だが、八〇年代後半の改革事業のさなかに混乱状態に陥り、一九九一年、ソ連邦はいくつかの国家に解体した(ロシア連邦、ウクライナ、バルト三国、ベラルーシ、カザフスタン、グルジア、アゼルバイジャン、アルメニア、など)。ソ連国家の支えてきた社会制度や経済制度も、そのときを境に劇変した。ソ連共産党の一党独裁も崩壊した。

私たちを驚かせたのは、第一に、その崩壊のあまりの唐突さである。経済力が衰えていたとはいえ、崩壊の直前までは他を圧する軍事大国だったのであり、崩壊する徴候など少しも見せていなかった。そもそも一九四二年ころまでほぼ独力でナチス・ドイツ軍と戦い、その粘り強さを全世界に見せつけた国家だったのではなかったのか。第二に、一九九一年までに起こったことの、かくも全面的な性格である。そして第三に、本来、正統性を高めるためのゴルバチョフ書記長による「上から」の改革事業が、ソ連国家の解体の引き金となったという事実である。そして第四に、ソ連国家の解体には、ほとんど抵抗らしきものがともなわなかったことである。

生じたことは、ソ連の国家観の再検討を迫っているといえる。かつてソ連は、全体主義のモデルとされた。そのモデルは、きわめて硬く、強力な国家像を前提としているのである。あるいは、その典型例としてソ連をとりあげる近代化論も、強力な国家を前提としていただろう。そうしたソ連を見るまなざしが硬い国家モデルを前提としているからこそ、ソ連の解体ぶりが意外な印象を人に与えることになるのだろう。ではソ連国家は、はたして思われていたほどまでに堅固で、安定していた国家だったのだろうか。ソ連国家の指導者たちは、自らの存在の正統性に悩まされることなく、自信に満ちあふれた生活を日々送っていたのだろうか。

そもそも正統性とは固定的なものではない。流動し、可変的なものである。正統性を脅かす変転してやまぬ内外情勢に、為政者が不断に対応しつづけることによって、かろうじて保守されるようなものだったのではなかろうか。じつはソ連国家とは、それが誕生したときから不安定で、日々、自らの正統性の不確かさに脅えつづけていた国家だったのではなかったのか。私には、よくぞ九一年にいたるまで七四年間ももちこたえることができたものだと、驚嘆の念すら覚えるほどである。

硬い枠組みとしての国家観を前提とするのではないとすれば、では、別のとらえ方はないものなのだろうか。近年、政治文化論的に国家をとらえようとする動きがみられる。ギアツの劇場国家論[1]がそうであり、わが国でもフランス絶対主義を扱った二宮宏之の仕事[2]、ソ連を儀礼国家として扱い分析した青木保の仕事[3]などもある。帝政期のロシアについては、権力のシンボリズムを分析したウォートマンの大著[4]がある。以上の仕事は、さまざまな示唆を与えてくれるものであり、今後も具体的研究のなかで大いに参照すべきものであろう。しかしながら、私自身が政治的なるものに関心をもっているからだろうか、それでも不満が残るのである。それは、ギアツの劇場国家論に典型的にみられるように、スタティックであることにある。それにたいしてソ連国家の現実の展開は、ダイナミックであり、劇場国家というモデルからはみ出るものが多すぎるからである[5]。

私は、ソ連国家のダイナミックな展開を、演劇的な行動としてとらえてみたい。ソ連は、自らの正統性を確保するため、不断に演劇的な振舞いをせざるをえなかったと。のちに述べることだが、ソ連国家は、もとから演劇性を秘めていたのである。一見なぞめいたゴルバチョフの登場も、ソ連国家のそうした性格に起因していたのであった[6]。

ソ連国家の個性

たしかに、国家の演劇的性格とは、程度の差はあれほとんどの国家にも共通してみられる特徴である。それにたいしてソ連国家に特徴的であったのは、第一に、演劇的な行為のセンターが、共産党機構という、明確に階層化された制度として実在していた点にある。第二に、包括的な対抗文明としての社会主義を演じてきた点にあった。対抗文明としての社会主義の演技を余儀なくされてきた、と言い換えることもできる。第三に、社会主義の演技に対応する国内的環境が存在していたことはもちろんだが、世界的環境も広くあり、しかもそこでの反響にソ連国家自らの行動が、逆に規定されることもあった。

ここでは、社会主義であることの演技を余儀なくされきたソ連国家が、現代世界においてどのようにして誕生したか、そして、大戦の勝利のときから七〇年代のころまでの全世界に圧倒的な存在感を誇った時代をへて、ゴルバチョフのもとで消滅するまでをややクロノロジカルに説明しながら、ソ連国家再考の試みを仮説的にも整理し、提示することとしたい。中野隆生の問題提起では、一九四五年から七〇年ころまでの諸国家は「現代国家」という概念でとらえられ、その独自性が強調されている。だがここでは、三〇年代に形成されたものの問題性の検出と、第二次世界大戦での体験と、その影響などに着目することにする。なぜなら、その「現代国家」と特徴づけられるものは、ソ連の場合には、その骨格としては三〇年代に形成されたとみなすのが適切だからである。そのとき以降は、それの肉づけや、成熟の過程なのであろう。

あらかじめソ連国家と呼ぶものについて、若干説明しておく必要がある。ソ連では、財や情報の処理が自由な価格メカニズムでおこなわれる相対的に自律的な経済社会は、存在していなかった。経済活動の圧倒的な部分が国家経済である。そのためソ連では、そうした経済社会と対をなすような国家を設定することにも、無理がある。ここではソ連国家を、広くソ連体制ほどの意味で用いている。第二に、ソ連国家は、ソ連共産党と切り離しては存立できないことである。ソ連国家にとって共産党は本質なのである。共産党は、さまざまな国家機構や準国家機構のあいだの意見を単に集約し、調整するという消極的な機能をはたしていたのではなかった。社会機構や国家機構を積極的に方向づけ、そのための独自の強力な機構をもつ存在であった。またソ連国家は、文化、学術全体をも方向づけていた。実際ソ連国家のイデオロギー性を抜きにしては、何も語りえない。ソ連国家がアイデアクラシー[7]と呼ばれたり、プロパガンダ国家[8]とも呼ばれたりする所以《ゆえん》である。

以上に述べたように、ソ連国家の機能が包括的であることから、ソ連国家の演技、演劇的行動と呼んだ場合、狭くプロパガンダに限定されることはなく、社会変動を積極に引き起こすことになるような広範で、包括的な行政行動も、そこに含まれることになる。

なお、ここで用いている社会主義とは、当該社会の実態にかかわる用語ではなく、演出上の言葉である。社会主義なる言葉をそのようにとらえ、扱う方法こそが、イデオロギーにかかわりなくソ連文明の実態に接近し、それを分析するうえでもっとも適切であると理解するからである。

2　演劇国家の形成

はじめに演技ありき――レーニンのシナリオ

ソ連国家の出発点とは、一九一七年十月におけるレーニンらボリシェヴィキの行動である。その革命は、しばしば「マルクスに反する革命」と呼ばれるが、彼ら自身は、当時から「社会主義革命」と呼んでいた。その理由は、当時の革命指導者たちが、とくにロシア社会をマルクス主義的な意味での「社会主義」へと変革することを考えていたからではなかった。ロシアの事件が、ただちに全ヨーロッパ社会主義革命へと導かれることになる端緒とみなしていたからである。つまり、自らの行為が演劇的であることは、当初から彼らにとっては自明の事柄だったのである。

では、なぜそうしたボリシェヴィキが一九一七年に、下からの強力な民衆運動に支えられる一方で、強力な指導を発揮することも可能になったのだろうか。

それには、戦争の結果、経済的・社会的な緊張が高まり、人々のあいだに広く厭戦《えんせん》気分がみなぎっていたという情勢が、当時の一般的背景としてあった。その一方で、当時のロシアの「教養ある世界」という知のヘゲモニー集団や、社会を担うべき人々の多くが、戦争の継続に賛成していたのであった。ソヴィエト機構を担うほとんどの社会主義者も、戦争の継続に賛成していたのである。そうしたなかで、レーニンらボリシェヴィキのみが、戦争継続政策の立論に対置できるほどまでに積極的な論拠や、世界認識をもっており、既存の知的ヘゲモニー集団の戦争継続の論拠を徹底して批判する一方で、兵士など多くの民衆の厭戦気分に応えつつ大胆に振舞うことができたからであった。

ボリシェヴィキの思想的な背景となったのが、レーニンの、帝国主義的世界認識とも呼ぶべきものであった。それは、第一次世界大戦の衝撃を受けて構想され、近代資本主義文明を徹底して批判する終末論的な色彩を強くおびた世界認識であった。それによれば、戦争は、ごく一部の帝国主義者という集団を利するためにおこなわれているものとみなされたのである。この世界認識は、特殊ロシアにかんするそれではない。レーニンたちは、窮地からの活路として「ヨーロッパ社会主義革命」を展望したのである。すなわち彼らは、その革命によって、世界戦争をも完全に終わらせることができるものと想定していたのであった。

そうしたボリシェヴィキの認識によれば、一九一七年二月革命後に自分の勢力が拡大していくことは、それだけ「ヨーロッパ社会主義革命」に接近することを意味するものであったとしても、不思議はない。そして十月の武装蜂起(十月革命)という「権力奪取」劇を、レーニンを指導者とするボリシェヴィキらが「社会主義革命」と呼ぶ理由は、それが、ロシアだけで完結する事件ではなく、武装蜂起後、間髪を入れず勃発するはずの「ヨーロッパ社会主義革命」の発端とみなしたからであることは、先に述べた。このように彼らは、武装蜂起を起こした際に、自分の行動を、はじめから演劇的性格をおびた行為としてみなしており、その演劇性を込めて「社会主義革命」と呼んだのである。

戦争を舞台にして

彼らの見込みに反して、西ヨーロッパ社会の内部に、ボリシェヴィキの行動に呼応する動きはただちには起こらなかった。その結果、ヨーロッパで社会主義革命が勃発するときまで演技しつづけることができるような条件を、ロシア国内で確保することが、彼らにとって切実な問題として、ただちにもちあがった。彼らにたいして、ロシア国内での位置を冷静に判断することを強いた具体的な事柄が、間近に迫りつつあった憲法制定会議の選挙であった。都市の工場労働者や、兵士のあいだでは圧倒的多数の支持者をえていたものの、国全体としては、多数を占めていたとはいえなかったからである。ボリシェヴィキの知名度を高め、得票数を可能なかぎり拡大する必要に迫られた。

そうするためにもっとも即効性のある方策とみなされたのが、戦闘の続行に、おそらくもっとも強く反対している兵士の要求にただちに応える措置を提示することであった。兵士の背後には農民がいたから、なおさらその効果は期待できた。だがその演劇的行動は、厭戦気分に応える面だけではなく、軍の指揮官の権威を決定的に掘り崩し、軍隊内部の秩序を崩壊へと導くという危険をも、あわせもっていたのである。それでもあえてボリシェヴィキは、戦争終結にいたる措置に踏み切った。その結果彼らは、ロシアの兵士や労働者のあいだで急速に支持基盤を拡大していった。憲法制定会議の選挙では第二党に甘んじたものの、政治危機を乗り切った。一九一八年一月に憲法制定会議を解散し、「社会主義共和国」を正式に名乗ることをも宣言した。いうまでもなく、あくまで近々に起こるべき「ヨーロッパ社会主義革命」の先駆という意味であった。

以上にみられたような事態は、ロシア国民の圧倒的な支持に支えられてロシア社会を強力に掌握し、強力な革命国家をもつくりあげていくかのような、強いボリシェヴィキ像を支持するものではない。むしろそれは、ボリシェヴィキの側の弱さをあらわしていた。一方で、総力戦体制の全面的な崩壊、そしてそれにともなうロシアの全社会的な崩壊状況にたいして、最高指導者たちがその都度その都度対応してきた結果であり、総力戦に向けて編成されたロシア社会の壮大な自己解体の大波に、あたかも巧みなサーファーのように便乗した運動であったかのようである。ボリシェヴィキは、解体の動きを合理化するための論理を、単に提供していたにすぎなかった、と評したほうが、むしろ実情に近いといえる。したがってこの段階では、自らの正統性を確信する安定した国家が形成されていたとは、とうていいえない。

一九一七年の諸運動のうちでももっとも有力であった兵士運動の要求を、軍隊を事実上解体してまでしてかなえてやったあとに、ボリシェヴィキが依拠すべき社会運動は急速に弱まった。なぜなら、兵士がボリシェヴィキを支持したのは、「何がなんでもの平和」という要求を正当化してくれたからであって、必ずしもボリシェヴィキの政策体系自体を支持していたからではなかった。しかも兵士たちは、いったん故郷の村に帰るやボリシェヴィキを支持する動機を失ったのである。和田春樹が「労兵革命の痩せ細り」と呼ぶ事態である。これは、指導上の手詰りでもあれば、その危機でもあった。そうした背景があって、講和条約を受け入れるか否かをめぐって政治指導部のあいだで激烈な論争が起こった。

その論争では、講和条約の即時締結を強く主張するレーニンは、ロシアにおける「社会主義的改造」は可能である、と述べることによって、ロシアにおける対抗文明への道の可能性を示唆したのである。彼が具体的に示した施策は、それを実施したならば、国家行政機構のはてしない肥大化へと帰結するほかないようなものである（「生産物交換」）。だがその施策を「社会主義的改造」と結びつけたことは、「ヨーロッパ社会主義革命」にとって不利に働く可能性があるドイツとの講和条約の締結の必要性を、党員や、活動家集団に納得させるための、いわばアリバイ的レトリックであった。この局面ではレーニンは、活動家集団を相手にして演劇的に振舞っていたのである。このときのレーニンのレトリックは、のちに最高指導者が、ボリシェヴィキ活動家集団を説得するための演劇的振舞いにおける中心的な象徴として、「社会主義」を頻繁に用いる嚆矢《こうし》となったのだった。

社会的崩壊を糧とする国家建設

活動家集団がレーニンの言い分を完全に納得したか否かにかかわりなく、ドイツとブレスト・リトフスク市で講和条約を締結した。だがボリシェヴィキ政権は、窮地に追い込まれていた。活路は中央集権的な国家機構の構築に着手する以外になかった。何よりもまず、正規軍を再建する必要があった。第二に、ちょうどその時期、ロシアの諸都市や北部地方は、深刻な食糧難で苦しんでいたが、それに対処するためにも農村社会の内部に強力な統治機構の再建が不可欠であった。

特徴的な点は、統治機構の再建の仕方にある。それは、都市社会がおかれていた日常生活レヴェルでの危機的状況に応じた、独特な演劇的方法で対応した点にあった。当時、深刻な食糧難は、都市の近代文明への脅威であっただけではない。都市社会を基盤とするボリシェヴィキにとっては、自らの存立にかかわる政治危機であった。労働者らは、経済困難の責任の追及を、ボリシェヴィキたちに向けはじめたからである。まさにそこに、以下に述べるような一連の起死回生の即興的な演劇的な行為が始まる背景があった。ボリシェヴィキ政権は、食糧難の原因は農村社会にいる「階級上の敵」による意図的な行為の結果である、と決めつけ、不満を自分に向けるのではなく、農村内の階級上の敵に向けること、そしてその敵を制圧するために武器を手にして農村に赴くように呼びかけたのだった。実際活動家集団らは、武器を手にして農村に赴き、モスクワに忠実な農村統治機構の担い手となった。

この農村征服政策は、革命後の中央集権的な統治機構を構築する過程の本質的な局面を構成している。農村統治機構が設営されることによって、はじめて農村から農産物を徴発したり、徴兵したりすることが可能になったからである。またそうした演劇的振舞いは、二〇年代末以降、スターリンが大々的に利用する振舞いの先例となった、という意味でも、ソヴィエト・ロシア史上重要である。

食糧危機と経済的崩壊などの緊迫した社会的崩壊状況を背景としなければ、ボリシェヴィキといえども都市の労働者や、非穀物生産地の農民を動員することは、難しかっただろう。だがその一方で、都市や消費地方の活動家集団たちを動員する際に、レーニンは、武器をもって農村に赴くことを、農村に生息する階級上の敵と戦う十字軍であると位置づけたばかりか、社会主義という、何か対抗文明を実現する行為でもあるかのように演出した。そこには、誕生しつつあった赤軍も参加した。こうして形成された中央集権的国家機構を直接支えていたのが、ボリシェヴィキ系活動家集団(一九一八年三月にロシア共産党と改称された)という独特な人的な結合関係を有する集団だったのも、自然である。両者は、事実上、一体であった。

これが新しい国家の基本的特徴であった。

演技中枢装置の整備

一九一八年十一月にドイツ革命が勃発して大戦も終わり、国際情勢が大きく変化するや、形成されつつある体制の整備が強く求められた。とりわけ制度面での整備、とくに演技する中枢装置を整備すること、ならびに演劇的行動のための新たなシナリオを明文化すること、の二点が重要である。その作業をおこなったのが一九年三月の第八回共産党大会である。演技する国家の中枢装置として、共産党中央委員会政治局(レーニン、トロツキー、スターリン、カーメネフ、クレスチンスキー)が新たに設置され、同組織局、書記局機構が整備、拡充された。

党の綱領は、大戦と革命という新たな歴史的経験に応じて改訂された。だが何よりもそれは、純粋な党のためのシナリオから、演技する国家のそれに転化した。採用された『共産党綱領』の内容は、レーニンの、先に述べた終末論的な帝国主義的世界認識と、「十月革命」以降の彼らの施策(演劇的行動)を、世界社会主義革命という普遍的大義の実現の歩みという文脈のなかに位置づけて、整理した部分の、二つからなっていた。

一九年三月上旬に結成されたコミンテルンとは、モスクワのボリシェヴィキ政権のおこなう全世界に向けた演劇的行為のための装置であった。ちなみに『共産党綱領』を平易に解説したブハーリン、プレオブラジェンスキー二人の手になる『共産主義のＡＢＣ』は、世界各地で翻訳され、日本でも複数の翻訳が著者二人がテロルで殺害されたあとの敗戦直後にいたっても刊行されつづけたことを、指摘しておこう。[9]

また第八回共産党大会の決定によってボリシェヴィキの支配地域は、完全に独立し、社会主義を志向する複数のソヴィエト国家が、個々に条約で同盟関係を結びながら行動している空間として演出され、モスクワのロシア共産党中央委員会が演出のセンターとされた。これが対抗文明である社会主義を志向しつづけ、のちに社会主義を演技することになる国家を構成する型の一つであった。

この国家は、二一年までにその機構を著しく肥大化させ、支配地域もほぼ旧ロシア帝国版図にまで達することになった。国家機構も整備され、赤軍の規模も拡大した。そうした動きが進行したのは、経済の疲弊、社会的分業関係の解消、全社会的な崩壊のさ中であった。あたかも革命国家は、社会の崩壊にともなって発散されるエネルギーを吸収しながら形を整え、肥大化してきたかのようである。そして、「ヨーロッパ社会主義革命」への志向を演出しつづけることは、およそ社会的な崩壊のなかでもボリシェヴィキ活動家を強く結束させ、革命国家を直接担い、支えつづけるという最重要の機能をはたしていたのである。

3　社会主義を演技する国家

演劇国家と現実社会の出合いの試み

以上のような背景で形成されてきたこの時期のソ連国家が、その体質として、工業化や都市化といった構成的・積極的な社会変動に、あるいは人々の経済的な日常性にも十分対応できないことは、はじめから予想させていた。その不自然さに、トロツキーのようにいくぶん気付いていた最高指導者もいた。だがその国家こそが革命の唯一の具体的な成果であり、継承すべきそれであることを、当時の指導者の誰もが認めないわけにはいかなかった。レーニンも含めた当時の大多数の指導者が、そのような国家を活用した独特な経済復興策を実施したのも、自然であった(「戦時共産主義」)。しかも、国家が人々の経済活動への行政的介入を強めることを、対抗文明への近道であると演出したのである。だがその政策は、民衆からの強い反感と抗議行動を引き起こし、体制の危機へと導かれたことはよく知られている。

そこで一九二一年に経済政策を転換し、国家の動員によるのではなく、農民の自主的な行動を全面的に保障することによって経済を復興する方向へと、方針の大転換をはかった。だがこの新方針と、一九年三月のシナリオや、それに基づく演劇的行為との齟齬《そご》は大きく、国家の演劇を支えてきた党員のあいだに、深刻なアイデンティティ・クライシスを引き起こした。そこで党員集団の体質改善にとりかかった(党員の再点検＝粛清)。こののち、ロシア社会にたいする国家の側からの大胆な演劇的振舞いは、その規模をひとまず縮小する。

二一年にはまた、イギリスとのあいだで通商協定が結ばれたことを皮切りに、他国との本格的な交流も始まったが、このことも、国家行動を演出するそれまでのシナリオを、大きく変えることを強いた。つまり、完全に独立した諸「ソヴィエト社会主義共和国」が、個々の条約に基づいて結合するという、それまでのシナリオに基づいては国際社会に統一して対応できなくなってきたからである。そうした事情を背景として、独立した地位を演出してやってきた各共和国をすべて単一のロシア共和国に含めるのか(スターリンの自治国化案)、各共和国に独立を認めたうえでいつでも脱退可能な連邦制を結成し、単一の連邦機構もつくるのか(レーニンの案)で、指導者のあいだに対立が起こった。レーニンの案は、アジアとヨーロッパの諸民族が対等な立場に立って結ぶ同盟関係の演出効果を、際立たせようとするものであった。それはとくに、アジアの革命への演出効果を狙っていたのである。

結局、二二年末、「ソヴィエト社会主義共和国連邦」という新しい国名を採用することによって、レーニンが強く求めた新国家の演劇的な性格が保守された。このように演出された国家構造は、多民族社会を半世紀以上も統合するうえでしかるべき機能をはたしてきたことは、特筆すべきである。

演出家スターリンの誕生——一国社会主義の宣言

農民のイニシアティヴによる農業の復興が急速に進むなかで、工業も復興する。これは、ボリシェヴィキ政権がはじめて経験する、いわばプラスの社会変動であった。そうしたなかで、中枢的演劇装置の再編も不可欠となる。つまり、いまや事態は、社会的崩壊を利用しながら国家装置をつくりあげてきた一九二一年までとは、本質的に異なっていたのである。そしてソ連国家と、新しい社会の動きとを、どのように結びつけるのか、言い換えればプラスの社会変動と、演技する国家の中枢装置とを、どのように組み合わせるのか、という難題がもちあがってきたからである。そこで指導部主流派は、二四年一月のレーニンの死をきっかけにして、工場の現場で働く労働者のあいだから入党を募るキャンペーンを大々的に開始したところ、大成功をおさめた。これは、社会主義に向けて演技するソ連国家と、拡大していく経済社会とが、今後、相互浸透的に融合していく、そのはじめの一瞬だったのである。その融合をソ連国家の指導者は、「党内民主主義」が実現し、「プロレタリア独裁」が深化し、安定化したものと演出した。

ロシア革命以来はじめてのこの体験は、シナリオのレヴェルで対応することをも、指導者に否応もなく迫った。「社会主義」を一般的に志向する点、一九一九年の党綱領を演劇的行動の前提とする点では、指導者のあいだは一致していた。だが、新しい党員集団にたいしてどのような明確な態度をとったらよいのかは、定まっていなかったのである。そうした要請にたいして、マルクス主義などの理論的整合性にいっさい顧慮することなく、ひとり大胆に対応したのがスターリンだったのである。

二五年にスターリンは、後進的なロシア一国だけでもマルクス主義的な「社会主義社会」を実現できることを確信するよう、呼びかけたのだった(「一国社会主義」論)。そう語りながらも彼は、社会主義の内容については、ほとんど語らない。彼の議論は、信念のレヴェルのものであり、主張の根拠については、ほとんど何も語っていない。彼が確信せよと述べた社会主義の内容も曖昧《あいまい》だったが、根拠がまったくなかったのではないことは、彼がそれを唱えはじめたときに、同時に金属工業を重視していたことが示している。つまり彼は、都市工業の本格的な復興と、都市化と、大衆政党化という革命後の新しい状況下で高揚しはじめた雰囲気を、重工業の文明論的な意義について当時広く抱かれていた見方と結びつけてそのように言語表現したのである。イデオロギー抜きにあえていえば、それは「重化学工業時代の社会工学的なユートピア」と呼べるものだろう。

だがスターリンは、それを、いわゆる「マルクス主義」的な社会主義像と同質であり、そうした社会主義をロシアの地においても実現することは可能であると演じた点で、不断に演劇的に振舞わざるをえないソ連国家の指導者＝演出家としては独創的であり、卓抜なレトリシャンであったといえる。それによってこそスターリンは、続々と入党する党員の心の琴線に触れることに成功したのである。その一方で、対抗文明としての社会主義観になじんできた古参党員集団にたいしては、引き続き指導能力をもつものとして自信をつけさせてやった。こうして彼は、二一年の政策転換後に起こった体制の動揺を抑え、それのみか革命後の国家を、新たな軌道にのせるのに成功したのだった。

危機のもとでの新世界の創造

二〇年代末以降、ソ連において工業化、集団化、文化革命などが突発的に始まり、その結果、ソ連社会が大きく変容したこと、きわめて短期間のうちに世界第二の工業国家に転じたこと、などはよく知られている。ソ連の人々を見舞ったこうした大激震こそが、のちにスターリンが「社会主義社会」と呼ぶ新しい社会をつくりあげたのである。この事実から、工業化などの動きは、⑴スターリンの強力な指導であれ、強力な国家によって、⑵対抗文明としての社会主義の建設というグランド・デザインが実現されていく事態としてイメージされやすい。強力な国家と、グランド・デザインの二つをあわせもっていたかに見えたからこそ、ソ連は、後進国の近代化モデルの一つともみなされたのである。

しかし、実際には、危機的な状況への場当り的な対応の連続に近い。その危機的な状況の発端とは、一九二七年夏に発生した穀物調達上の困難であった。何よりもその事態は、社会主義に向けて演技し、また演出してきた指導部主流派の面目を、完全に失わせるほどまでに重大な政治的危機であった。なお危機の構造は、一八年五月の場合とよく似ており、痙攣《けいれん》的な行動の発端となった点でもよく似ていた。そのためか、当時のレーニンの言説がしきりに引用され、あるいは発掘された。それによってスターリンら指導部主流派の行動を合理化し、正当化しようとしていたのである。

この時期の中心的な政策や動きは、重工業を中心にして強力に推進された工業化であった。その結果、各地に巨大プラントが建設された。それにともなって、慢性的な失業は解消し、さらに工業関連労働者数は激増し、都市化も急速に進んだ。いま一つが農業の集団化と呼ばれ、伝統的・共同体的な農村社会を強権的にコルホーズ的に再編成する政策である。その再編成の目的は、農民の勝手で穀物の播種面積を減らさせないための保障となる、制度的枠組みをつくることにあった。集団化は、莫大な人的・物的・道徳的損失をともないながらも、強権的に推進された。そのときの犠牲の規模は、国民的なトラウマとなったほどのものである。

かくも多大な犠牲をともなう行動に踏み切った理由とは一体何か。それを戦争の脅威への単なる対応とするにしては、あまりにも犠牲が多すぎるだろう。また、重化学工業を発展させることだけにあったのでもない。事態を理解するためには、その背後には、危機を克服するための対応が、いっそう深刻な別の危機を生み出すという、以下のような連鎖的なメカニズムがあったことも、考慮に入れるべきだろう。すなわち、第一に、どんなに強い緊張と多くの犠牲とを払ったとしても、いったん伝統的な農村社会を構造的に変革しとげたならば、重工業を中心とした工業化は保障されることだろう。第二に、工業化の達成ののちには、その成果を踏まえて豊かな日常生活も保障されよう。そうなれば、二七年に起こったような穀物調達上の危機も起こりえない。そして第三に、現在の緊迫した状況も、また犠牲も永遠に起こりえないのである、と。

その際に、当座の緊張が高ければ高いほど、また犠牲が多ければ多いほど、それだけテンポをいっそう速めて構造的な変革を可能なかぎり最短期間で実現しようとする衝動が、かえって強まっていったのだった。その一方で、あらゆる困難を克服する究極の文明論的な保障としての重工業の発展が推進されていた点で、二五年にスターリンがはじめて公に表明した「重化学工業時代の社会工学的ユートピア」を実現する動きともいえなくもない[10]。

余儀なくされた社会主義宣言

すでに触れたが、二〇年代末の動き＝政策（「スターリンの革命」）は「総路線」と総称され、対抗文明としての社会主義を実現するための首尾一貫したマスタープランとして、スターリンらによって演出されたのだった。たしかに、政治的・社会的・経済的危機という極度に緊張した状況のもとで、上は政治局員から下は平党員やコムソモール員も含めた全活動家集団を動員するためには、そのように演出することは、抜群の効果を発揮したものといえる。その効果がいかに大きいものであったのかは、一九三三年までの四年間に、党員数が一一〇万人も増大したことが示している。また、当時の世界的な不況のもとで失業者があふれかえっていたときには、対抗文明としての演技が国外で発揮する効果は、コミンテルンの幾千幾万もの演劇的な行為よりも、はるかに有効であった。

三〇年代中ころまでには農村社会のコルホーズ的再編成は、ほぼ完了した。工業化も現実に進み、巨大な都市化の動きもともなった。その結果、歴史上独特な国家経済システムが出現し、制度的に安定してきた。この国家経済システムは、それ自体をとってみれば非資本主義的なものである。だからといって、とりたててマルクス主義的・対抗文明的な社会主義であると、あえて評する必要はないものである。ところが、三六年十一月にスターリンは、対抗文明としての社会主義がロシアに実現されたことを宣言したのである。しかもそれを、マルクス主義的な社会主義社会であり、一九一七年十月革命の目標が実現したものであるとみなしたのであった。あたかも宣言したとたん、制度、社会構造、人間の意識、歴史など、万物の再定義が開始され、あるいは完了したかのようである。

この宣言がいかに唐突なものであったのかは、わずか数年前までの権威ある党の公式文書(三四年の党大会決議)では、社会主義社会の成立は、不特定の未来のできごととされていたからである。その唐突な宣言の際にスターリンは、明らかに演出効果を狙って演劇的に振舞っているのだ。では、なぜスターリンは社会主義を宣言し、そのように演技する必要があったのだろうか。彼のような独裁者の演出であるからには、それ相応の政治的理由があるはずである。この問いは、重大な意味をもっている。なぜなら、のちに述べるが、社会主義と宣言すること自体がソ連にとって重大な問題を、新たなレヴェルで引き起こすことになるからである。いまのところ、以下の二点を指摘しておこう。

一つが、二九年からの運動の結果、新たに形成されてきた制度が安定しつつある事態に応じて、活動家集団（党員集団）に達成感を与えるという要請に応えた、スターリン自らの演技であった。だが、より根本にある理由としては、安全保障上の動機に基づいた、外国向けの演技であったことである。つまり、コミンテルンなどを媒介として、各国の社会運動、政治運動に働きかけてソ連に好意的な国際世論を動員するためには、ソ連が「通常の共和国」以上の社会、文明であることを演出する必要があったからである。

こうしてみるとスターリンは、社会主義であることの宣言を余儀なくされた、といってもよい。いずれにせよ、社会主義の実現の宣言は、民衆ではなく、活動家集団を観客として想定し、活動家集団を安定させるための演技であったのだと。

「社会主義」演出上の難題

しかしながら、いったん当時のソ連全体を社会主義であると宣言すると、先に示唆したように、複雑な問題を引き起こすことになる。なぜなら、社会主義であると宣言された社会とは、活動家集団だけからなるわけではなかったからである。

一九二八年以降、何が何でも重工業を発展させておけば必ずや豊かな生活が待ち受けているのだ、それを実現できるのだ、という掛け声のもとで、民衆にたいしてさまざまな苦難と犠牲を強いてきた。だが、社会主義の実現を宣言することは、そうした苦難や犠牲を強いる正当性が、いっきょに失われる可能性を生み出しかねなかったのである。宣言したとき以降は、豊かな社会を実現したこと、生活水準の飛躍的に改善したことを検証し、そうでなければその実現を積極的に要求する権利を、潜在的にであれ民衆の側に与えることを意味するからである。つまり指導部にたいして、「総路線」期に生まれた民衆にたいするいわばツケの返済が、迫られることになる。その「全社会的要請」をかなえられないならば、社会主義を演技する国家は、自らの正統性に影をさすことになるだろう。このように、対抗文明としての社会主義の実現の宣言は、演者の側の今後の振舞い方を決定的に拘束することになり、逆説的にも、所与の体制を潜在的であれ、恒常的に不安定にする可能性があったのだった。とまれ相手は二億近くの普通の国民なのである。

その一方で、宣言したあとは指導者は、現実のソ連社会を、表面的には「社会主義社会」として演出しつづけざるをえなくなるだろう。ソ連社会は、かつてエカチェリーナ二世にたいして寵臣《ちょうしん》ポチョムキンが演出した村落(ポチョムキン村)と似たものとなるだろう。通常、劇場は、舞台と観客との一体性を確保するために外界と閉ざされるように、ソ連世界も、情報が徹底して管理される閉ざされた空間となることだろう。その一方で、「外国人嫌い」の気風を、人為的に広めるのを余儀なくされることにもなる。

このように、当該社会を社会主義であると演出し、現実の社会を「聖化」することは、社会制度のみならず、その社会制度を実際に支え、そこに現に生活する普通の人々の個々の行動のありようや、個々人の意識のもちようをも含めた全体を、存在論的に拘束することになりかねない。少なくとも論理的には、そういえる。それでもその演劇的空間を保守しようとするならば、オーウェルの小説『一九八四年』の世界のような、人々の創意をいかなるものでも圧殺する、究極の全体主義的体制を敷くほかはないだろう。だがそれは、あまりにも非現実的である。

世俗化という時限爆弾

実生活と、演出すべき社会主義との二元性を、当時の最高指導者も自覚していたようである。そのこととかかわるのが、一九三九年春の第一八回共産党大会が採択した新しい党規約であり、それに基づく新しい党レジームの導入であった。共産党とは、三六年十二月憲法によれば、ソ連国家・社会の指導的中核であり、その彼らのあり方は当該社会のあり方をも規定していた以上、党規約の変更は党員集団のあいだのあり方に限られず、社会全体のあり方にも決定的にかかわる重要なものと評価できるだろう。

新しい共産党の規約は、「社会主義の実現」の宣言を受けて、次の二点で共産党員になる資格を大幅にゆるめていた。

第一に、所属、出身階級による入党資格上の差別が廃止された。新憲法により、「インテリゲンツィヤ」というカテゴリーの名で、技術系要員や官僚機構のメンバーにたいしても、労働者や、コルホーズ農民と同等の市民権が与えられたことで、事実上ほとんどの社会集団が同じ条件に基づいて入党が認められることになったわけである。またこの新規定の意味は、エリートに昇進した集団がすでに獲得していた地位を、彼らに保証していた点にもあった。

だが、新しい党規約のうちでもおそらくもっとも重要だった規定が、第二の、それまでのようなイデオロギーや理論を高度に習得する義務を、入党の際の条件としては事実上撤廃したことにあった。それに代わって、すでに存在する体制や社会を、所与として積極的に受け入れてそこに貢献しようとするならば、入党が許可されることになったのである。この新しい規定は、分節化され現代社会化されたソ連社会のそれぞれの分野において、イデオロギーからは自立的で、その分野に固有の基準に基づいて功績をあげることを、入党することと連動させていたのである。その連動を認めた点で、党規約の新規定は、ソ連社会の潜在的な脱イデオロギー化への回路を公に開く、ソヴィエト・ロシア史上画期的な措置となったのである。

じつはこの新しい党規約の制定は、三七〜三八年の大テロルによって古参党員集団の寡頭支配が打破されたのちの党秩序を、反映していたのである。三〇年代の工業化にともなって生じた大規模な都市化や、社会変動に応じた社会的・政治的上昇運動が、そう意図されていたのか否かは別として、大テロルによって容易になったからである。かつて筆者は、世俗的功績と社会的上昇運動を円滑に連動させた点に着目して、大テロルを経過したあとの三九年に変更された党規約に基づく党＝「国家」体制の新しいあり方を、近・現代型、テロル以前の体制を前近代型と、特徴づけたことがある（『ロシア史研究』第四六号、一九八八年六月刊）。形成されたのはいまだ骨格にとどまるが、中野隆生のいう「現代国家」に相当するものとは、この三〇年代に形成されたことになるのだろう。もっともスターリンは、まさにそれを対抗文明的な社会主義であると演出したのである。

「社会主義の実現」を宣言したことは、長期的にみれば、逆説的なことだが所与の体制の現世化、世俗化の動きを合法化し、潜在的ではあれソ連社会におけるイデオロギーの風化への道を、決定的に開く端緒ともなった。この意味では、イデオロギーの風化現象で顕著なブレジネフ期ソ連社会の出発点が、じつはここに据えられたものといえよう。イデオロギーでその表面をぎらつかせている苛烈この上ない三〇年代のスターリン独裁のもとで、ソ連は、まことに根本的に新しい段階に静かに踏み入ったのである。

4 戦勝の弁証法

ポスト社会主義のシナリオは可能か

社会主義の実現の宣言がソ連国家の世俗化を進め、イデオロギー色を希薄にする種を蒔《ま》くこと、そのことによって、ソ連国家の中枢装置である共産党の演技能力を低下させかねないこと、以上のことをスターリンら最高指導部も、当然気づいていただろう。そのことを間接的ながら示していたのが、一九三九年三月の第一八回共産党大会が党綱領修正委員会を選出し、ソ連国家全体を導く新たなシナリオの編纂に着手した事実である。新綱領は、「社会主義」よりさらに高次の「共産主義」という対抗文明の実現をめざすシナリオとなるはずであった。そうした性格のシナリオを作成することによって、イデオロギー色の希薄化を防ぎ、ソ連国家の演技能力を保とうともしたものではなかろうか。この新綱領編纂の試みは、いかなる内容であれ、特定のシナリオに基づいて演劇的に振舞いつづける以外には存続できないロシア革命後に出現した演技する国家としては、宿命的な、そしてその存立に直接かかわる行為だったのである。

だが分節化も進み、現代社会化もした近・現代型の党=「国家」体制のもとにおいては、人々の日常生活全体までをも導くような包括的な演劇的行動は、ソ連国家にとって、はたしてなおまだ可能だったのだろうか。それ以前の、ロシア革命、内戦、「スターリンの革命」など各時期における演劇的な行動には、もともと巨大な社会変動が（前者の変動はマイナスのそれ、後者のはプラスのそれ）、下支えとして現にあった、という事実を、わたしたちはすでに知っている。ところが二〇年代末以降の「スターリンの革命」は、未曾有の規模の社会変動を呼び起こす一方、巨大な国家、経済、社会、文化機構をつくりあげて、ソ連社会を現代社会化したのだった。そして逆説的にも、まさにそのことによって社会変動が生み出す社会構造を一変したり、そのための余地を狭めたりもしたのであった。つまり、三〇年代になって、制度的安定化の傾向が現れるとともに、国家の大胆な演劇を下支えする基盤が失われつつあったのではなかろうか。この点からみても三〇年代は、ソ連国家にとっての重大な転換期だったのである。かかる事態に直面してもなお演技しつづけざるをえなかった最高指導者たちは、ジレンマに直面していたのかもしれない。そのことは、最終的には彼らが新しい党綱領の編纂に踏み切らなかった(踏み切ることができなかった?)という迷いが、物語っている。

これまで述べてきたように、三〇年代のソ連は、複雑で、矛盾した問題を多くかかえていた。「社会主義の実現」の宣言は、何かの解決ではなく、新たなレヴェルの矛盾や難問を、引き起こす原因ともなったのである。しかも、ヒトラー政権の成立後も国際社会での孤立化は解消されず、ソ連は戦争にたいする備えに経済資源を割かねばならなくなり、その結果としても社会のストレスは高まった。そのためか、ソ独戦直前には経済的な効率は低下傾向にあった。採金事業が典型的だが、矯正労働施設の収容者の労働力に大きく依存する部門もあった。フィンランドとの冬戦争での戦局の展開は、思わしくなかった。大戦前夜に、戦争などへの体制の適応能力にたいして強い不安感が抱かれたのも、自然である。そこで最高指導部は、国家経済システムの効率低下に警鐘を発するために、四一年に大規模な党会議を招集して、その原因を全面的に検討し、対策を講じた。

戦争の試練

ソ独戦の直前のソ連社会が、戦争の脅威への備えからくるストレスだけではなく、その社会に固有の多くの難題をもかかえていた以上、ソ独戦の勃発、そして戦勝が、ソ連体制にとってもった意味は手放しに正統性を確認するような単純なものではありえなかった。むしろそれは、多義的で、かつ複合的であり、逆説的でさえあった。戦勝は、そうした不安定要因や問題を顕在化させずに、一九四五年から約半世紀もの長きにわたって潜在させたままにとどめておくのに決定的に貢献したもの、と評価したほうが、実情に近い。

まず、戦争を防げなかったという点で、スターリンら最高指導部の権威は失墜した。それまで戦争を回避できてきたと、おのれの外交を誇ってきたが、それが根拠のない自画自賛にすぎなかったことが満天下にさらされたからである。続く赤軍の緒戦の大敗北と潰走は、彼らの権威を著しくきずつけた。そのことは、スターリンが、開戦の報を部下のモロトフに委ねたことが物語っている。民衆を結集するうえで社会主義なるものが、彼らの日常生活レヴェルで守るべきものとなりえていないこと、あるいは結集点ともなりえていないこと、その性格が表層的なものにすぎないこと、などは、四一年十一月七日の演説でスターリンが、スヴォーロフなど、ロシア史上の伝統的な名前を引合いに出さざるをえなかったことが、如実に物語っている。そののちに社会主義なるものは、大ロシア主義の要素によって支えられることになる。だがこのことが、戦後に反ユダヤ主義が表面化する背景をなしていたのも事実である。

戦勝は、圧倒的な軍事力によって絶対的平和を確保する（安全保障）ソ連国家の正統性を確実なものにし、スターリン個人の権威も高めたのだった。人々は、最低限の生活の保障をしてくれる強力な国家として、大戦後の国家を受け止めた。また戦勝は、恐ろしい時代の体験を二度と繰り返すことなく、絶対的な安全を保障してくれることになる国家を下支えする、国家経済システムも正統化した。こうして体制は、四五年以降安全を保障してくれる国家としてとどまるかぎりは、正統性が保証されていたのである。

しかし最高指導部は、安心しきっていたわけではなかっただろう。そもそも終戦直後の四六年には飢饉が起こり、百万の人々が飢えがもとで死亡したといわれるほどである。また、多分に対外的なメンツにうながされて四七年に実施した幣制改革は、ソ連の人々に甚大な打撃を与えることにもなった。全世界が注目した四六年二月のスターリンの施政演説も、旧態依然としていて期待外れであった。

戦勝の弁証法

しかし中長期的にみた場合、戦勝の影響は、いっそう逆説に富んでいた。潜在的には人々に、よりよき生活を求めさせる効果をもつものである。戦前の三〇年代の社会主義の実現宣言は、事実上「重化学工業時代の社会工学的ユートピア」が実現されたとみなすことになる以上、なおさらである。なぜならば、そのユートピアを実現することは、豊かな消費生活が保障されることを意味していたからである。ソ連軍兵士が西ヨーロッパ世界の暮らし向きを知った以上、いっそうのことそうである。ここから、民衆にたいして、よりよき生活や、日常生活の改善への渇望を満たす必要が社会主義の実現を宣言した三〇年代のとき以上に強く、また執拗に戦後の最高指導部に突きつけられることになる。

また戦勝は、別な意味でも逆説的に影響した。三〇年代までのソ連社会とは、基本的には「上から」つくられた社会であった。その意味でその社会は、スターリンという特定の個人の崇拝によってつなぎとめられ、統合されていたような社会だったのではなかろうか。しかし、ソ連の人々は、戦勝のときまで生き抜くことによって自信と誇りを抱くことができるようになった。ここに程度の差はあれ、スターリンという人格を媒介しない、人と人との直接的結びつきの可能性が出現したのである。つまり、まとまりをもち、自立化可能な社会が潜在的に出現したのである。戦争を体験したソ連社会は、自らのまとまりをスターリンがいなくても、いやスターリンを批判さえしても保ちつづけることができた、という点で、戦後のソ連国家をその底辺のところで支えてきたといえるのである。さらにいえば、国家、社会の核であったソ連共産党が一九九一年に消滅したのちでも社会のまとまりを根底のところで保障する支えだったのではなかろうか。しばしば指摘されることだが、ソ連国民の「自然発生的な脱スターリン化」である。これは、ロシアの歴史家ゲフテルのテーゼであり、[11] 国際的に注目を集めるロシアの歴史家ズプコーヴァなどによる、すぐれた戦後ソ連社会史研究[12]の知的・精神的な基盤となっている。

大国になってしまって

一九四五年の戦勝後のソ連国家ときわめて深い関係がある新しい事態が、いわゆる東欧圏の成立や、冷戦の勃発である。その事態は、ソ連の側があらかじめ想定していたものではなかったことは、いうまでもない。だが、そのような事態になるのは不可避的だっただろう。ソ連と外界のあいだの対話を困難にし、対立を引き起こした要因とは、三〇年代に形成された国家経済システムや社会構造を、対抗文明として演技し、演出しつづけざるをえなかったいという不自然な事情に潜んでいることは、容易に確認できる。対抗文明的に演技するからこそその反面として、ソ連国家の体質を閉鎖的にしてきたのである。また他国とのあいだの不信感も高まり、妥協も不可能になる。そして米英などとのあいだで、あらゆるレヴェルで開かれた関係を維持できず、東欧諸国を閉ざされた空間に転化し、冷戦的状況も発生したのも、結局は余儀なくされた演技のゆえだったのである。

たしかに、出現した対決状況は、一面では戦後ソ連社会にとって、経済的にも軍事的にも重い負担になった。だからといって、それを、ソ連国家の正統性を確保するうえで否定的な要因だったとは、必ずしもいいきれない。日常生活の水準の向上をともなわず、重工業に重点をおくほかないソ連を統合するためには有効に機能したことは、確実だからである。

戦争を生き延びたばかりの人々は、二〇〇〇万人以上の人命の喪失の深さをかみしめること、絶望的なまでに低い水準の悲惨な生活にたえることから出発するしかなかった。それでもなお戦後の生活は、戦乱のときと比べれば大変な改善といえるだろう。そしてそれ以上の生活への望みを、現実に、また明示的に表明したのか、あるいは国家への正統性に懐疑を抱く人もいたのかは別の問題である。ともあれ人々は経済復興にいそしみ、その結果、重工業を中心として経済復興は急速に進んだ。

四八年までに、新しいシナリオとして『共産党綱領』の編纂作業に本格的に着手する。それによって対抗文明性の演出をあくまで推進しようとの目論見が感じとれる。これにはジダーノフシチナと呼ばれる厳しいイデオロギー統制がともなっていた。だが四八年夏のジダーノフの死、レニングラード事件などのなかで沙汰止みとなった。これまで述べてきたような戦勝のもたらした逆説的な状況を封印することが、新綱領の編纂の際に意図されていたのかもしれない。スターリンの最晩年には奇怪な事件があいつぐ一方で、ソ連国家を一新する壮大な演劇的行動のためのシナリオが練られていたようでもある。その準備として、共産党の中枢装置を、三〇年代の大テロルのようなやり方で一新する作業も進められていた。この局面については、今後の研究が待たれるところである。

巨匠の死と、残された助監督たち

スターリンの死がソ連国家の正統性の演技に大きな影響を与えた事実は、後継者たちが直後にとった政策の性格からもうかがえる。彼のカリスマ性にソ連国家の正統性があり、その対抗文明性も、彼の人格のうちに体現されていたからである。だが、他の特定の個人の誰もがスターリンのカリスマ性を受け継ぐことができなかった。したがって後継者たちによる「集団指導体制」が採用されたわけである。それは、「スターリンの個人崇拝」からの離脱に等しい。さらには連鎖反応的に、匿名の国家、匿名の共産党なるものが前面に出てくる。それと並んで、外政・内政などの全般的に見直しも、同じく連鎖反応のようにほぼ自動的に進行した。

スターリンの死後、残された指導者各人がスターリンへの忠誠心から一歩離れ、たった一人になってソ連社会の体験と現状とに思いを馳せてみたとしよう。そのとき彼らは、「総路線」と「大祖国戦争」で人々の払った莫大な犠牲という事実と、「ツケ」の返済への人々の圧倒的な黙示的要求とに気づかざるをえないだろう。スターリンの死後、ただちに当時の指導者たちは、日常生活の改善によってソ連国家の正統性を確保しようとしたのも当然であった。そうした動きを最初にあらわした人物が、ソ連国家の実情にもっとも通じていたベリヤであった。彼はドイツをめぐる緊張を緩和しようとしたり、強制収容所の解体に着手した。彼が失脚したのちにマレンコフは、軽工業生産の重視へと経済政策をシフトした。

その一方、「集団指導体制」への移行には、目まぐるしいばかりの権力闘争がともなった。当初、長く政治警察の長を務めたベリヤが政治を主導しようとしたが、五三年六月下旬の彼の逮捕後にはマレンコフが国政を牛耳り、そののち彼を批判するフルシチョフが指導部内で急速に頭角をあらわした。スターリンの死後に就いた共産党中央委員会書記の地位が(五三年九月から第一書記)、彼のもつ最大の権力資源となった。彼のその地位を誇示し、指導部内での彼の位置にも大きな影響を与えた五六年二月の第二〇回共産党大会での「スターリン批判」も、多分に演劇的な効果を狙ったものであった。五七年にはモロトフ、ブルガーニンらを反党分子として追放し、ほぼ彼の主導権は確立した。

師スターリンを越えんとする

フルシチョフ時代の前半に、ソ連経済は著しく上昇した。「アメリカに追いつき追い越せ」のスローガンも、非現実的ではないかにみえた。この時期のソ連経済の基調も重工業の発展だったが、採算を度外視した宇宙開発などではとくにその効果を発揮した。彼は、広大なソ連という空間になおも残されている余地を大々的に活用し、またそこに、物や人を動員した。また戦勝と、スターリン批判とは、ソ連社会に埋もれたままの人々の豊かな創造性やエネルギーを大々的に掘り起こし、積極的に開発し利用することを可能にしたのである。

それにしても、すでに現代社会化したソ連を、体制の側からの演劇的な振舞いによって活性化するには、自ずと限界があるだろう。だが、フルシチョフはその限界を超えて、スターリンすらも尻込みしたシナリオ、すなわち共産主義に向けての『共産党綱領』を編纂し、社会全体を動員しようと努めたのである。その不自然さのしわ寄せは、必ずやあらわれるものである。フルシチョフ時代は、一見イデオロギー的には寛容さが増したかにみえるが、宗教への迫害政策で際立っていた時代であったことは、見逃されてきた事実である。宗教が対抗的なシナリオとみなされたからだろう。また、気に染まぬ知識人にはきわめて不寛容であった。この点についても、宗教の場合と同様の理由をあげられる。その一方で、フルシチョフは、党や国家経済や社会の機構を目まぐるしく再編成し、「全人民の国家」を精力的に演技し、また演出してノーメンクラツーラを揺さぶろうとした。この点でも彼は、いかにもスターリン的である。だがスターリンの場合には、すでに述べたことだが、社会変動上の「下支え」があったのである。フルシチョフの体制全体を動員させる演劇的行為は、体制自体を動揺させ、政治的危機も引き起こしかねないものと、エリートは受け止めた。そのためフルシチョフは、六四年十月に失脚させられ、年金生活へと追いやられた。

師への冷静な追憶

ブレジネフ政権は、幹部の地位の安定を掲げて船出し、彼らの地位を動揺させるような体制の側からの大々的な演劇的行為をいっさいやめて、実務的な改革を進めようとした。とくにコスイギン首相の改革が有名である。それなりに効果があったことは事実である。工業生産高は、はじめの五年間で五〇％も上昇したほどである。また、フルシチョフの掛け声的な政策ではなく、農業に巨額の投資をしたことが功を奏して農業生産が上昇し、国民の消費生活は豊かになった。

この時期以降のソ連社会の特徴は、一九七三年のオイル・ショックに直面してとった対応のうちにみてとることができる。一方の「資本主義」諸国は、オイル・ショックに直面して、化石燃料を多消費する型の経済への反省を踏まえ、エレクトロニクス技術をはじめとしてさまざまな技術革新をおこない、燃費節約型の経済構造へ移行することによって、経済活性化への道を切り開いたのだった。その結果欧米日の経済発展は急速に進む一方で、原油の価格も低下することになった。

それにたいしてソ連国家は、対象的な対応をした。すでにフルシチョフ期から原油や天然ガスの輸出を急増させていたが、オイル・ショック後の原油などの高価格によってソ連経済は大いに潤い、外貨も増えた。それを用いてプラントや、大衆消費財の輸入が急増した。これが経済事情や人々の日常生活を部分的に改善したのだった。三〇年代に形成された国家経済システムの形成を導いてきた構想が、幾度も先延ばしされたあとに、ついに真に実現されつつあったかにみえる。それのみか、社会主義という対抗文明が、現実化されつつあるかにみえたのかもしれない。フルシチョフ時代に改善された社会政策や福祉政策も継続され、ソ連社会の現代社会化はいっそう進んだ。

だが、「資本主義」諸国の努力もあり、原油の国際価格は急落した。その一方で、国内経済の実務的・微温的な改革も掛け声倒れに終わり、ソ連の国家経済システムの効率性も徐々に低下しはじめた。経済計画は低めに抑えられたにもかかわらず、達成されない部門が出てきた。外貨によるプラントや大衆消費財などの輸入は、高度な技術革新への経済的なインセンティヴにとってはむしろ阻害要因となった。その結果、農業部門には巨額の資金が投下されたものの、投資規模に見合った生産性の改善はみられなかった。それどころか、貴重な外貨を用いた家畜用の飼料穀物の購入量が激増した。消費物資にかんしては、行列に象徴されるように欠乏状態が慢性的であった。

ソ連文明の現代社会化と世俗化が進む一方で、外界の先進国の圧倒的な豊かさの情報はさまざまなルートからソ連圏内に流入して、ソ連国家の対抗文明性は相対化され、その演技効果も薄れた。この面からもイデオロギーが風化していったことは、ほぼ常識的な認識ではなかろうか。幹部の地位の安定化は、老人支配に堕した。そうしたなかで、エリートのあいだの「腐敗」は目にあまるものとなり、対抗文明を演ずるソ連国家の正統性をむしばんだ。

ソ連の国名が象徴していた対抗文明性(「パクス・ブリタニカ文明」への対抗)は、すでに七〇年代までには、世界的にみて完全に時代遅れとなっていた。それにもかかわらず、対抗文明として演技せざるをえないソ連国家は、対外関係の局面での対決姿勢のみが惰性によってではあれ、続いていた。その結果が、七九年に始めたアフガニスタンへの軍事侵攻であった。軍拡競争は、ソ連文明の負担能力をはるかに超えていた。八〇年代にはいってから、ソ連の国家経済システムの経済効率は著しく衰えた。そして、ペレストロイカが始まる前にいたっては、「危機寸前」などと形容されるまでの停滞状態へ陥った。経済力の衰えは、軍拡競争にも影響を与えざるをえない。この事態は、現代世界におけるソ連文明そのものの正統性を、根底から揺るがす最大の危機となった。軍拡競争に遅れをとらずに軍事大国としてありつづけること、それによって国民に安心感を提供することこそが、ソ連国家の正統性の根幹にあるものの一つだったからである。まさにこの点で窮地に追いつめられたことが、指導部の重い腰を動かすことになる。

5　終わりの始まりを演技する

ゴルバチョフは謎か

ソ連体制の正統性がいくら薄れたとしても、あるいはソ連社会の現代社会化がどれほど進もうとも、それだけでは解体することにはいたらない。それが解体への路へと踏み入るには、ゴルバチョフが「改革」に着手することが必要であった。そのゴルバチョフのダイナミックな行動様式は、いかにも唐突で謎めいてみえる。ソ連国家を解体へと導く経済困難や社会不安も、改革が発端となったのである。「歴史の空白」を埋めるためのスターリン時代の歴史的事実の暴露は、共産党の権威を、かえって大きく失墜させたのだった。彼の行為は、いかように解釈しても、自殺的な行動としてしか解釈できない。

とすると、ゴルバチョフは、愚かな指導者だったのだろうか。しかし、当時の最高指導者たちがペレストロイカに深くかかわったのである。結局のところ、問われるべきはゴルバチョフ個人というよりは、彼を取り囲む環境や背景のほうであろう。ここで私が指摘したいのが、彼らが統治し、指導するソ連国家とは「社会主義を演技した国家」であった、という点である。シナリオの内容いかんにかかわりなく、ゴルバチョフや他の指導者たちは、指導者である以上は、ともあれなんらかの演劇的な行為をすべきものとして教育されてきたのではなかろうか。演技しつづけることは、ソ連国家の指導者としての存在理由であったのではなかろうか。

強力な共産党機構を用いて一大キャンペーンを展開しようとしたが、そうしたスタイルをゴルバチョフは、「革命」と呼んだのだった。たとえば、ゴルバチョフが早い時期にとりかかった広範な幹部の入れ替えは、スターリン時代を想起させる振舞いであり、じつはペレストロイカなる用語は、体制の幹部の総入れ替えをともなった大テロルの三〇年代後半に、しばしば用いられていたものだった。じっさい、彼の行動様式は、レーニン時代のそれとも、スターリン時代のものとも同形なのである。またそれは、一九六四年十月にフルシチョフが失脚してから絶えてなかったスタイルでもあった。

以上のようにソヴィエト・ロシアの歴史を振り返ってみると、ソ連文明にあっては、国家の側が率先して演劇的な行為をするのが本来のあり方であり、むしろブレジネフ期が例外的な時期だったのであろう。ゴルバチョフの行動を根本のところで規定していたのは、そうしたソ連国家の本来的なあり方だったのであり、その内部にあらかじめ埋め込まれ、用意されていたものであった。

対抗性なきシナリオ

彼は最高指導者についた時点で、ソ連国家の伝統にしたがい、特別のシナリオがなくてさえも大胆な演劇行為に取りかからざるをえなかった、とさえいえるだろう。それでも全国家的な演劇的な行為を始めるには、全国家的・全社会的なシナリオは、やがては必要となってくることだろう。そして問題は、そのシナリオの内容にあった。

まずソ連の現在を、対抗文明としての社会主義であることを大前提としたうえで、「社会主義から共産主義へ」という高次の段階への移行を目標として、社会全体を改革に向けて奮い立たせるというシナリオも、ありえたことだろう。しかしそれは、フルシチョフがじっさいに採用し、そして頓挫へと導いたシナリオであり、それを否定したブレジネフ期に、ゴルバチョフは出世してきたのである。ゴルバチョフ自身には、そうしたシナリオを採用する気はさらさらなかった。その点では彼は、ブレジネフ時代の人間であった。じっさいフルシチョフにたいする評価は、かなり手厳しく、ペレストロイカ後半になって、やっと肯定的に評価されるようになったのである。

そのうえでなお、改革を支えるシナリオをあえて作成しようとする場合には、一段上の対抗文明への移行を想定することによってソ連文明の現状を批判するのではなく、また逆に、「資本主義」への回帰を高らかにうたいあげるのでもなく、あるがままのソ連の現状を批判するところから出発するほかない。このように、シナリオの選択肢の点ですでに窮地に追い込まれていたのである。そもそも、一九八六年のチェルノブイリ原子力発電所の大惨事のあとには、いかなるものであれ対抗文明性を演技することなど、不可能だっただろう。ゴルバチョフが選択すべきシナリオは、実際には社会主義を読み替えること、社会主義から対抗文明性を剝奪すること、を基礎とせざるをえない。対抗文明性に代わって、一般的なヒューマニズムといった価値観や、文明状態の意味を社会主義に込めることになるだろう。「もっと社会主義を」という掛け声は、そのような意味であったろう。実際、対抗文明性(パクス・ブリタニカ文明)は、もはやアナクロニズムであったことは、すでに述べた。

たしかに、そうした社会主義解釈が歴史的に正確であるとはいえない。レーニンやロシア革命の新解釈も、いわば演劇的な解釈なのである。だが、そうした解釈は、彼個人の思想から導き出されたものではない。演技する国家のほうが、そうした解釈を彼に強いたのだった。そして社会主義から対抗文明性を剝奪することによって、はじめてソ連の現状を、そして三〇年代のソ連型国家経済システムを克服すべきものとして客観的に対象化し、批判の俎上《そじょう》にのせることが可能になったのである。ゴルバチョフは、一般的な理念としての社会主義と、三〇年代のソ連型国家経済システムとを明確に切り離した最初の指導者となり、その意味で、彼の出現は画期的であった。もっともその画期性をも、ソ連国家が彼に強いたのだった。

彼は、それまでのソヴィエト・ロシアを呪縛してきたシナリオから自由になった最初の最高指導者であった。そして、いったん社会主義から対抗文明性を剝奪し、それを一般的な理念に還元してしまうと、彼の行動を導くシナリオは、その場その場の状況の変化でどのようにも書き換え可能なものとなり、それによって流動的な状況への対応が、かえって容易になったのである。そしていっそう重要なことだが、そうしたシナリオに基づいて状況対応型の演劇的行動をすることによって、ソ連国家の解体という劇的事態に、さしたる流血もなく対応することを可能にしたのであった。

社会主義から対抗文明性を剝奪したことは、現実の動きとしては、何よりも八七年以降のゴルバチョフの新思考外交に明瞭にあらわれていた。じつはそれ以前、書記長に就任直後に彼は、東欧諸国の指導者たちにたいしてブレジネフ・ドクトリンの放棄を暗々裡に示唆していた。さらには「ヨーロッパ共同の家」という主張にも、それがあらわれている。八九年には、三年前に声明したアフガニスタンからのソ連軍の撤兵を完了させた。八九年十二月までの、いわゆる東欧革命をも追認し、マルタ島でのブッシュ米大統領との冷戦終結宣言にいたったのである。

演技する国家の消滅か

それにたいして、国家経済システムの改革は、きわめて困難であった。社会のあらゆる部分が、既得権をやすやすと放棄しようとはしなかったからである。そこには、圧倒的多数の民衆も含まれている。当初彼は、共産党を積極的に活用しようとして書記長職にとどまった。なんといっても党機構は、演技する国家の最重要の用具だったからである。皮肉なことに、ゴルバチョフの国内の改革事業を待ち構えていたのは混乱であった。やや拙速なスターリン時代の「演劇的」な暴露は、演劇的行動の中枢装置たる共産党の権威を、かえって低下させた。民族紛争が各地で噴出し、もっとも正統性が弱かったバルト三国の独立＝連邦離脱運動を押し止めることができなかった。共産党の権威を決定的に失墜させた。一九九〇年には、経済は急激に悪化し、前年からの炭坑労働者のストライキも続いた。

九〇年になってゴルバチョフは、共産党の特権的地位を保証していた憲法第六条を廃止し、複数政党制を導入する一方で、大統領制度を導入して自ら大統領に就任した。これは、ソ連共産党から国家機構を独立させたという点で、画期的であった。だがそれは、単なる一党独裁の廃止ではない。それは、演技する国家の中枢装置としての役割を(それまでは対抗文明としての「社会主義」を演じてきたのである)、ソ連共産党から剝奪すること、そしてその役割を、ゴルバチョフ大統領自らが引き受けることを意味したのである。これは、共産党から演劇行動の役割を簒奪《さんだつ》した大統領などが各共和国に出現し、行動を精力的に開始するきっかけとなる。彼らが依拠しているのは、ソ連共産党機構といった特定の機構＝装置を必要としないナショナリズムであった。それにたいして、ゴルバチョフがなおまだソ連共産党書記長の地位にとどまっていたのは、書記長の地位がソ連国家を象徴するものであり、連邦国家の統一性を守るうえで役に立つとみなしたからであり、また彼の残された唯一の権力基盤でもあったからだろう。だが、すでに二〇〇〇万人近くに肥大化し、大衆化していた共産党は、ナショナリズムに深く浸食されており、連邦を構成する各民族共和国ごとに分裂しつつあった。ゴルバチョフ大統領からも、党員大衆からも見捨てられて孤立したソ連共産党機構の中枢は、九一年八月のクーデタに深くかかわることになった。その結果、ソ連共産党は解体させられた。

ゴルバチョフ大統領も、ほぼ完全に求心力を失っていく。こののち、彼がソ連国家の演劇行動のための中枢機構から受け継いだ役割は、ナショナリズムをシナリオにし、またその運動に支えられた各共和国大統領へと継承されていくことになる。これは、別の演技する国家への移行を意味する事態だったのか、それとも演技する国家それ自体の消滅だったのか、それは定義にもよるが、今後検討すべき問題の一つであろう。ただ社会主義であることを演技した国家が終わったことだけは確実である。

註

1　クリフォード・ギアツ『ヌガラ』みすず書房、一九九〇年。

2　二宮宏之「王の儀礼――フランス絶対王政」『権威と権力』〈シリーズ・世界史への問い　7〉岩波書店、一九九〇年。

3　青木保『儀礼の象徴性』岩波書店、一九八四年。

4　Wortman, Richard S., *Scenarios of Power. Myth and Ceremony in Russian Monarchy*, Vol. 1, Princeton University Press, 1995; Vol.2, 2000.

5　Eidel'man, Natan,《*Revoliutsiia sverkhu*》*v Rossii*, Moscow, 1989 は、無意味なことだがあえてレッテルを貼ろうとするならば、近代化論の書物といえる。だが「上からの革命」をロシア史にとって伝統的であるとみなすことによって、かえってロシア史に通底する特徴の一つとしての演劇的な性格を浮き彫りにしている好著である。

6　石井規衛「演劇的空間としてのロシア革命」（新版岩波講座『世界歴史』第27巻）二〇〇〇年。

7　アイデアクラシーについては、ベルジャーエフ、田中西二郎・新谷敬三郎共訳『ロシア共産主義の歴史と意味』白水社、一九六〇年。

8　Kenez, Peter, *The birth of the propaganda state: Soviet methods of mass mobilization, 1917–1929*, Cambridge University Press, 1985. なおケネツにはソヴィエト映画史の著作もある（Cinema and Soviet Society, 1917–1953, Cambridge University Press, 1992）。

9　これが戦後の日本でも出版されたのは、敗戦直後の混乱した社会情勢のせいだろう。その直後の、スターリンの翻訳本や、解説本や、『ソヴェト同盟共産党（ボリシェヴィキ）の歴史〈小教程〉』の奔流に呑み込まれて、その存在は人々の意識からかき消えてしまい、ながらく言及されることはなかった。一九六九年にE・H・カーの序文を付けてペンギン・ブックスとして再刊されたことは、いかなる動きを象徴していたのだろうか。

10　ロシア社会構造に根差す困難への対応が、いっそう烈しい緊張をともなう危機状況をつくりだし、そのことがかえって一段と緊張を高めた対応策を必要とするようになるという危機の連鎖状況を、重工業の突出した発展策によって決定的に打開しようとする政策体系の先駆は、すでに一九二〇～二一年初めにもみられたものである。そうした政策体系を、都市と農村との拡大再生産的統合化と私は呼び、革命後のロシア社会の構造的特質たる、弱体な都市大工業と小商品生産者たる共同体農民の不整合関係と本格的に対決するものと位置づけことがある。たしかに呼び方に未熟なところがあるが、戦時共産主義をイデオロギー的解釈（演劇的解釈か）から離れてとらえ、そして再定義を試みることによって、逆にソ連国家の演劇性を強く自覚するきっかけとなったのである（拙稿「「ネップ」初期研究」『史学雑誌』第八六編第一二号、一九七七年十二月）。

11　Gefter, M.Ia, *Iz tekh i etikh let*, Moscow, 1991.

12　Zubkova, Elena, *Poslevoennoe sovetskoe obshchestvo: politika i povsednevnost'. 1945–1953*, Moscow., 1999（改訂英語版として、*Russia after the war. hopes, illusions, and disappointments, 1945–1957*, translated and edited by Hugh Ragsdale, M.E.Sharpe, New York, 1998）.

参考文献

さらに本論に関係するもののみをあげる。

石井規衛『文明としてソ連』山川出版社、一九九五年。

Dunham, Vera S., *In Stalin's Time : middleclass values in Soviet Fiction*, Cambridge University Press, 1976.

Kotkin, Stephen, *Armageddon Averted. The Soviet Collapse 1970–2000*, Oxford University Press, 2001.

Nove, Alec, *An Economic History of the USSR 1917–1991* (New and Final edition), Penguin Books, 1992.

Pikhoia, R. G., *Sovetskii Soiuz: istoriia vlasti 1945–1991*, Moscow, 2000.

Service, Robert, *A History of Twentieth-Century Russia*, Penguin Books, 1998.
Sokolov, A., *Kurs sovetskoi istorii. 1917–1940*, Moscow, 1999.
Sokolov, A. i Tiazhel'nikova,V. S., *Kurs sovetskoi istorii.1941–1991*, Moscow, 1999.
Suny, Ronald Grigor, *The Soviet Experiment*, Oxford University Press, 1998.

補論　現代国家ソ連の発展とその解体

中嶋　毅

ソ連の形成と発展

ソヴィエト社会主義共和国連邦（以下ソ連と略記）の原型となったのは、一九一七年の十月革命後に成立したロシア・ソヴィエト連邦社会主義共和国であった。しかし、この国家が成立したとき、領土的定義はなされず国境も考慮されなかった。ロシアの革命はあくまで国際的な革命の一環として想定されていたのであり、社会主義建設は未来の理想であった。レーニンをはじめとするボリシェヴィキたちは、社会主義のもとでは国家は「死滅する」ものと考えており、その意味でソヴィエト共和国は「死滅する」ための国家形態なのであった。

しかし、「国家の死滅」というボリシェヴィキの展望は、国民国家から構成されていた外部世界によって挫《くじ》かれ、ソヴィエト共和国には一国民国家としての役割が押しつけられた。さらに一九一八年夏以降本格化した内戦と干渉戦争のために、ボリシェヴィキは革命政権の存続を至高の価値と考えるようになり、その結果、ソヴィエト国家は否応なしに強化されることになった。この危機的状況のなかで、中央集権的な行政機構が形成され、経済的・政治的統制は急速に拡大していった。そしてこの国を中心に、連邦国家としてのソ連が形成された。この連邦は、平等な共和国が自由意志によって加盟するという形式をとった特異な「統合体」であり、各加盟国には「連邦からの脱退」が保障されていた。またこの連邦は、その国名に統治領域の名称を冠していないという点でも、国民国家システムのなかで異質な存在であった。

こうして登場したソ連が「現代国家」としての骨格を整えたのは一九三〇年代であると考えられるが、この問題は石井論文が詳しく扱っている。ここでは、国家的統合および体制の正統性確保という観点から、いくつかの点を指摘しておきたい。まず、こうした特殊な形態をとったソ連の国家的統合を可能にした要素として第一にあげるべきものは、ソ連国家が依拠した基本理念であった社会主義イデオロギー、すなわち「マルクス＝レーニン主義」である。社会にかんする科学的で普遍的な真理であり社会変革のイデオロギーとされたこの理念に基づいて、ソ連は生産手段と分配を国家の統制下におき、きわめて短期間のうちに社会経済構造を大きく変革したのである。

ソ連統合の第二の要素は、この理念に基づいた政策履行を可能にした共産党組織の存在であった。連邦を構成した各共和国は、それぞれ独自の政府と行政機関をもっており、連邦政府と共和国政府との関係も憲法によって一応は規定されていた。しかし共産党組織は全連邦を通じて単一の組織体であり、各共和国共産党はロシア共産党(一九二五年からは全連邦共産党、五二年からソ連共産党)の支部を構成したにすぎなかった。党書記長を頂点とする位階制的な党官僚制によって運営される中央集権的な共産党組織が、「離脱も可能な共和国の連邦国家ソ連」を実質的につなぎとめていたのである。

国家としてのソ連を統合していた第三の要素は、社会主義国家建設の成功による実績であった。一九三〇年代後半までにソ連は、おびただしい犠牲をはらってではあるにせよ、少なくとも量的指標の面では、ひとかどの工業国家として世界の舞台へ登場するまでに発展した。また急進的工業化の過程で、中央に比べて後進的であった民族共和国にも新たな工業拠点が誕生し、これらの地域の近代化も進んだ。さらに、農業集団化と急進的工業化という巨大な社会変動をへてソ連でも都市化が進展し、社会のあり方や人々の暮らし方も大きく変化していった。その一つが、急速な教育の普及であった。教育は民族共和国でも進展し、民族エリートの養成もはかられた。こうした巨大な達成は、国家としてのソ連の統合に大きく寄与したと考えることができる。

一九三〇年代のソ連政治体制の正統性確保という問題は、きわめて論争的なテーマであり、ここではこの問題を考えるうえでのいくつかの論点を確認するにとどめたい。第一に、農業集団化の過程で農民にたいする大規模な抑圧をともなったことから、政治体制は自ら正統性の危機をもたらすことになったと考えられる。集団化を強行した共産党=政府は、国民の大半を占めた農民の支持を喪失したのである。

しかし第二に、集団化は農業を国家の管理下におくことによって、国家は農民生活をいわば「丸抱え」することになった。近年の研究は、農民のあいだでも国家にたいする依存的態度があらわれたことを指摘している。同様な現象は、急速な重工業化を担った都市にもあらわれた。労働者は、厳しい労働規律と低い生活水準のもとでの生活を強いられたが、他方で一定の賃金の保障や社会保険制度の整備がはかられた。こうして集団化と急進的工業化の過程で、ソ連はある種の「福祉国家」的政策を実施せざるをえなくなった。第三にこの体制は、支配の正統性を確保するために、教育や宣伝、指導者崇拝や祝典、さらには社会的上昇移動の提供と生活水準の向上などを通じて国民の支持を実際に調達しようとした。社会的上昇をとげた人々は、全体に占める割合は小さかったとはいえ、ソ連社会の新たなエリート層を形成し、その見返りとしてソヴィエト国家の正統性を支えたのである。

第二次世界大戦の影響

一九三九年八月、ソ連はドイツとのあいだに不可侵条約を結んだ。この条約には、勢力圏の分割を取り決めた秘密議定書が付随していた。ソ連はこれに基づいて、ドイツ軍のポーランド侵攻に呼応して、ポーランドの東半分を占領した。さらにソ連は四〇年、バルト三国とルーマニア領ベッサラビアに軍隊を進駐させて、連邦への自発的加盟というかたちをとってこれを併合した。こうしてこの時期、ソ連の領域上の拡大がほぼ完了し、ソ連はロシア帝国の版図の大部分を再統合した。

第二次世界大戦は、ソ連の国内政策に大きな影響を及ぼした。戦争中、ソヴィエト愛国主義が高らかに喧伝され、一つひとつの勝利がソ連国民の誇りの源となった。このソヴィエト愛国主義の高揚は、ロシア・ナショナリズムに強い刺激を与えるものでもあった。また戦争は、国家の宗教政策の変更を余儀なくさせ、スターリンはロシア正教会と和解してその協力を取りつけた。こうした一連の措置は、体制にたいする国民の支持を調達するうえで、大きな役割を果たしたと考えられる。

ソ連軍は東ヨーロッパをドイツ軍から解放しながら進軍し、一九四五年四月から五月にかけてベルリンにはいり、連合国の勝利に貢献した。ソ連は、二七〇〇万人といわれる犠牲をはらいながらも、戦勝国として戦後の国際舞台に登場した。スターリンの名前は、戦争におけるロシアの勝利と結びつけられるようになり、農民を含め彼によって苦痛を受けた人々からも受け入れられるようになった。第二次世界大戦に勝利をおさめたソ連政治体制は、スターリンによって遂行された政治路線が基本的に正しかった、という考えと結びつけられるようになった。こうしてソ連体制は、戦勝を通じて、その正統性を国民の幅広い層のあいだで確保することができたのである。この点でみれば、「現代国家」としてのソ連は、第二次世界大戦における勝利を通じて確立されたとみることができる。

しかしソ連は、第二次世界大戦の際に広大な領土をドイツによって占領され、人的損失のみならず、非常に甚大な戦時破壊をこうむっていた。そのためソ連は、戦後に再度の大規模工業建設を遂行しなければならなかった。一九四五年から五〇年までに、工業投資の八〇％以上が生産財部門に向けられた。多くの生産部門では、一九五〇年までに、どうにか四〇年の生産の水準に達するかそれを上回ることができるようになった。一九三〇年代初頭に成立した、中央集権的な縦割りの部門別工業管理に基づいた「指令型経済システム」が、ここでは効力を発揮したのである。

一九四五年以降の東欧諸国との関係は、ソ連国家のあり方に一定の変化をもたらした。ソ連は、少なくとも戦後当初は、確固たる対東欧政策をもちあわせていたわけではなく、ソ連型の社会主義を押しつけようとしたわけでもなかった。しかし、四七年のトルーマン・ドクトリンの公表とそれに続くマーシャル・プランの発表後、ソ連は東欧諸国との結合を強化し、東欧諸国はしだいにソ連型の社会主義国家の建設を進めていった。こうしてソ連は、東欧社会主義圏を指導する存在となり、この関係を自国の強化に利用したのである。

戦勝は、ソ連に住む人々の態度にも複雑な影響を及ぼした。人々は、将来への希望にあふれていた。戦争遂行の過程で人々は、自らの行動領域に一定の自律性をもつようになっていた。彼らの多くは依然として、共産党とスターリンを信頼しつづけた。しかし、生活の改善は進まず、民衆のあいだには不満が蓄積されていった。民衆と同様に政治エリートのあいだにも、より穏健な体制を希望する強い志向が存在していた。こうした傾向にたいしてスターリン指導部は、新たな政治的引き締めをもって対処した。

スターリン統治の最後の五年間である一九四八〜五三年には、抑圧的措置が強化され、社会的緊張が高まった時代であった。スターリン指導部は、行動の自律性をもちはじめた新たなタイプの「ソヴィエト市民」の登場にたいして、古い抑圧的体制のままで再統合をはかろうとした。この背景には、国際関係の緊張の高まりと東欧諸国にたいする統制の強化も大きく影響を及ぼしていた。すなわち、東欧諸国にたいするソ連型社会主義体制の移植への抵抗を抑止するうえでも、ソ連国内における「自由な空間」の存在は容認されてはならなかったのである。

非スターリン化と統合様式の変化

一九五三年にスターリンが死去すると、その直後から、ほとんど全面的な政策転換がはじめられた。まず、後任の首相となったマレンコフが非スターリン化を推進しようとした。国内政策の面で重要な転換は、国民の需要を満たすために軽工業・消費財生産を重視する路線を選択したことであった。さらに農業面でも、農業税を引き下げるだけでなく調達価格を引き上げ、これによって農業政策の根本的な転換をはかろうとした。一方、共産党第一書記に就任したフルシチョフは、播種面積を飛躍的に拡大することによって穀物の国家調達を増加すること、すなわち処女地や休耕地を新たに開墾することを提唱した。しかし、これらの政策は大きな社会的緊張をもたらすものであった。都市と農村双方での収入の増加や農業の大増産計画、消費財のための高い投資計画と並行した基幹産業の成長の継続といった計画は、ソ連国家にとっては大きな重荷であった。こうした路線の破綻は、マレンコフの失脚に結びつけられた。

一九五六年にフルシチョフがおこなったスターリン批判と六一年の第二次スターリン批判は、ソ連内外に巨大な衝撃を及ぼした。もとよりこれらのスターリン批判の背景には、自らの政治権力を強化しようとするフルシチョフの政治的意図が存在したことは否定できない。しかし二度にわたるスターリン批判は、スターリン体制下で抑圧を受けた人々の名誉回復と政治囚の大量釈放をもたらした。フルシチョフのもとでは、市民にたいする警察力の行使は削減され、スターリン体制下で存在した恐怖は大幅に減少した。この変化はソ連の人々自身が感じており、多くの人々にとって「自由の空間」が拡大した。

こうしてフルシチョフのスターリン批判は、ソ連の国民統合のあり方に一定の変化をもたらした。第一に、フルシチョフのもとで共産党は、強制を用いた支配よりも説得とイデオロギー的教化を用いた支配を追求するようになり、国民の物質的利害と理想に訴えかけて大衆的支持を獲得することを試みるようになった。こうした変化を象徴的に示すのが、一九六一年に採択された新党綱領であった。この綱領の眼目の一つは、ソ連国家はもはやプロレタリアート独裁ではなく、共産主義を建設しつつある「全人民の国家」であると宣言することであった。そしてこの綱領は、一九七〇年までに経済的にアメリカ合衆国に追いつき追い越し、二〇年以内(すなわち一九八〇年)にはソ連が「おおむね共産主義社会に到達する」と述べていた。これはきわめてユートピア主義的な主張ではあったが、国民大衆に新たな目標を提示して体制の支持を確保しようとするフルシチョフ政権の努力のあらわれであったととらえることができよう。

第二にフルシチョフ政権は、経済政策の面でスターリン路線からの転換を国民に示し、自らの政権の業績を提示することで権力の正統性を確保しようとした。すでにふれたフルシチョフ農政の展開は、当面はめざましい成果をおさめ、農民の収入は上昇した。賃金格差は急速に縮小されていった。スターリン時代に導入された、無許可で離職したり欠勤したりした労働者にたいする刑事責任が、フルシチョフのもとで廃止された。年金や身体障害者手当は大幅に改善された。一九五六年に実施されたこれらの政策は、ソ連における社会立法の拡充を示していた。五七年に世界初の人工衛星スプートニクの打ち上げが成功したことは、ソ連の科学と工業力の成果を世界に誇示するものであったと同時に、ソ連国民に大国としてのソ連を印象づけ、大きな自信を与えた。

もちろん、スターリン時代から連続する要素もあった。その最大のものは、位階制的に組織された、外部にたいしては一枚岩の共産党そのものである。共産党の書記局は、党の人事だけでなく、国家や社会団体の人事も統制しつづけた。地方共産党も、それぞれの組織が管轄する地方の支配を完全に掌握していた。しかし、共産党内部にも変化はあった。フルシチョフ時代に、共産党員はほぼ倍増した。すなわち、一九五二年の六八〇万人から六五年には一一八〇万人へと増加したのである。より重要なことは、共産党員の構成のなかに、官僚、法律家、科学者、技術者や農業専門家といったホワイトカラー層・専門職層が増加したことであった。こうして共産党は、ソ連社会のエリート層を着実に統合していったのである。

体制の安定化と停滞

フルシチョフの急速な変革は、社会の不満を招くと同時に、既存の体制に既得権益をもっていた党・国家官僚層の頑強な抵抗に直面した。一九六二年の共産党機構改革の断行と六三年の農政の失敗は、フルシチョフ政権にとって致命的であった。結局フルシチョフは六四年、自らが権力基盤としていた共産党中央委員会によって、第一書記の座から解任された。後任の第一書記には、ブレジネフが就任した。

ブレジネフは直ちに、フルシチョフが断行した党機構改革を元に戻し、経済管理も地域別の国民経済会議を廃してスターリン時代の部門別省庁制に復帰させた。ブレジネフは、共産党および国家機関の幹部の既得権益を安定化することを通じて、政治体制を安定化することを追求したのである。一九六一年の共産党中央委員のうち八三％が六六年の中央委員会選挙で再選され、さらにこの再選された中央委員の八〇％は七一年の中央委員会選挙でも再選された。しかしブレジネフの幹部任用政策の安定化は、ブレジネフ指導部の老齢化を必然的にもたらすことになった。八二年には、政治局員の平均年齢は七十一歳(最年少のゴルバチョフを除けば七十四歳)になっていた。

もっとも、ブレジネフ体制が当初から停滞的であったというわけではない。一九六五年にはコスイギン首相のもとで、効率を改善し生産を拡大するための経済改革が実施された。しかしブレジネフが志向した改革は、構造的な変革ではなくむしろ制度的な再編であり、基本的にはスターリン時代の経済システムの枠内での調整であったといえる。一方でブレジネフ時代には、経済政策を含む政策決定にさまざまな集団・組織や専門家が関与する余地が拡大し、調整のとれた政策決定が進められるようになった。

こうしたなかで、フルシチョフ時代には統合要因として一定の機能を果たしていたイデオロギーの役割は、しだいに形式化していった。ブレジネフ体制において重要なイデオロギーであったのは、一九七七年憲法に示された「発達した社会主義」概念であった。この憲法は「発達した社会主義」社会を、「強力な生産諸力、先進的な科学と文化が創り出されている社会であり、人民の福祉が絶えず増進」する社会であると規定した。この規定は、新たなソ連社会にとって重要な価値がさまざまな専門的能力であり、また社会を統制する国家行政の領域の拡大であることを暗示していた。もとより目標は「共産主義」の実現におかれていたが、ブレジネフ時代にはイデオロギー的熱意や共産主義実現への期待は急速に減退していった。

ブレジネフ時代には、国家と社会とのあいだにも、ある種の調整・妥協がはかられるようになった。ソ連国家は、以前から国民にたいして最低限の生活水準は保障しながらそれを徐々に改善してきたが、ブレジネフのもとで生活水準の向上がいっそう進められた。こうしてソ連では、社会福祉制度が少なくとも制度的には整備され、医療や教育は(その質の問題を考慮しなければ)無償となった。また、私生活における一定の「自由」が広がり、体制に表面上従順である限りでは、検閲を受けない著作を私的空間において読むこともある程度黙認された。他方で国家は、国家の許容する範囲を超えて国民が政治生活に関与することを求めたり、公的世界で独自の見解を表明したりすることを抑圧した。この時期ソ連では、体制に批判的な著作を公表したり公然と体制に反抗しようとしたりする人々は、「異論派」として厳しい取締りの対象となった。このようにブレジネフ体制のもとでソ連は、一方で福祉国家としての体裁を整えていったと同時に、他方では権威主義的な側面を強めており、ソ連国家はこの両面を国民統合に利用したと考えられる。この点からみればブレジネフ時代のソ連は、「福祉国家的権威主義」体制とも評される独特な国家を形成していったということができる。

業績による体制の正統性確保という点では、ソ連経済は一九七〇年代前半ころまでは一応の経済成長を維持することができたが、個人所得が上昇した一方で消費財やサーヴィスの水準が低いままであるという矛盾がしだいにあらわれてきた。その結果、基本的な生活必需品は低価格に設定されているにもかかわらず、需要と供給の不均衡が慢性化し、体制の安定性に脅威を与える要因となっていった。また一九七〇年代半ばころには、ソ連経済の成長鈍化が決定的となった。労働生産性は低下を続けて経済と生活水準を圧迫し、国民のあいだに体制にたいするシニシズムが広まった。その原因は体制に内在する構造的なものであったが、ブレジネフ指導部は、当面は西側諸国への石油や金の輸出、第三世界諸国への武器の販売などによって成長鈍化を補い、根本的な改革には乗り出さなかった。

こうしてブレジネフ時代末期には、イデオロギーによる統合が空洞化したうえに、体制の安定性を担保していた業績による正統性は急速に揺らぎはじめた。ブレジネフの死後に相次いで共産党書記長の座に就いたアンドロポフもチェルネンコも、体制の構造改革には着手できなかった。この間、危機は着実に進行していたが、ソ連社会は表面的にはいまだ安定しているかにみえた。ブレジネフ時代の「福祉国家的権威主義」体制のもとで国民は、不満をいだきながらも依然として国家からさまざまな「利益」を享受しており、それなりに体制に順応していたのである。

ペレストロイカとソ連の解体

古いソ連体制の矛盾や欠陥を克服する必要性を強く認識していたのは、その実情を知っていた政治指導部の一部の人々と経済専門家・知識人たちであった。一九八五年に共産党書記長に就任したゴルバチョフは、そうした人物の一人であった。こうしてゴルバチョフのもとで、一九八六年以降、ソ連体制の立て直しであるペレストロイカがはじめられた。ペレストロイカは当初、「社会主義の再生」を目標としておこなわれる「上からの」根本的な「体制内改革」という特徴を示していた。そしてその第一の課題は、停滞した経済の根本的改革であった。

こうしてはじまった経済改革は、現実には経済状況の改善をもたらすことができず、逆にその悪化を招いた。古い経済システムに変更を加えたことが、逆にシステム全体としての機能不全をもたらしたのである。また経済改革は、経済の効率化を優先することによって、国民が享受していた「福祉国家」的諸制度の実質を喪失させた。その結果、体制にそれなりに順応していた国民の不満をいっきょに増大させることになり、業績による正統性確保は危機的な状況に陥った。他方、政治の面でも民主化を進めた結果、古い体制のもとで押さえ込まれていた個別的・多元的利害が表出し、この諸利害が対立して時に激しい衝突を引き起こした。イデオロギーによる統合が空洞化していた状況のなかで、共産党は新たに解放された諸利害を調整し方向づける能力をもちえなかった。こうして政治改革が進むにつれて、社会的な分裂現象も進み、政治的分極化が拡大していった。

ペレストロイカの影響は、ソ連国内のみならず、東欧諸国にも波及した。とくにゴルバチョフがいわゆる「制限主権論」を放棄したことが東欧の政治変動への制約を取り除き、東欧諸国の改革は一気に「脱社会主義」へと向かっていった。こうした東欧諸国の一連の変動はソ連国内でも報道され、それが今度はソ連の人々に大きな影響を与えることになった。東欧社会主義圏をつなぎとめていたソ連の統合力の喪失は、国内におけるソ連体制の統合力の喪失へと連動していったのである。

この過程を象徴的に示したのが、連邦の分解現象であった。従来の連邦制を支えていたのは単一組織である共産党であったが、その共産党組織内部でも民族主義的利害の分極化が徐々にあらわれはじめた。ゴルバチョフは一九九〇年三月、共産党の指導的役割を規定している憲法第六条を廃止し、国家機関から共産党の影響力を排除する方向性を打ち出した。イデオロギーの統合力が枯渇していたうえに、連邦を実質的につなぎとめていた共産党が求心力を喪失すると、連邦国家ソ連は急速に解体傾向を示していった。

こうしてあらゆる面で急速に正統性を喪失したソ連にとって、既存の連邦制の維持をめざす保守派が一九九一年八月に起こしたクーデタの失敗は致命的であった。同年十二月、連邦にかわって新たに「国家」として登場した諸共和国が独立国家共同体を結成し、その結果ソ連は六九年の歴史に幕を閉じたのである。

参考文献

塩川伸明『現存した社会主義』勁草書房、一九九九年。
田中陽兒・倉持俊一・和田春樹編『世界歴史大系　ロシア史 3』山川出版社、一九九七年。
A・ノーヴ、石井・奥田・村上他訳『ソ連経済史』岩波書店、一九八二年。
A・ノーヴ、和田春樹・中井和夫訳『スターリンからブレジネフまで』刀水書房、一九八三年。
Keep, John, *Last of the Empires: A History of the Soviet Union, 1945–1991*, Oxford, 1995.
Sakwa, Richard, *Soviet Politics in Perspective*, second edition, New York, 1998.
Suny, Ronald G., *The Soviet Experiment : Russia, the USSR, and the Successor States*, New York, 1998.

Ⅳ

イスラム国家から国民国家へ
トルコにおける国家の正統性をめぐって

新井政美

前提としてのオスマン帝国

オスマン帝国はイスラム国家として立っていた。イスラム国家とはイスラム法の施行される国家といいかえることもできるが、イスラム法の対象外である異教徒も多数かかえていることがイスラム国家の大きな特色である。そしてイスラム国家は異教徒には自治を与えてきた。オスマン帝国もその伝統の線上で、広大な領土全域にイスラム法を施行すべく、イスラム史上類をみない中央集権的な体制を築くと同時に、多くの異教徒には服従と納税の見返りに自治を与えてきた(ただし異教徒がイスラム法廷で契約や訴訟をおこなうことは排除されておらず、実際にそうした判例が多数残されている)。オスマン王家によって世襲されるスルタンは、そうしたイスラム的体制を保障する君主であり、さらにメッカ、メディナ両聖都の保護者として、カリフを主張しうる存在でもあった。一五一七年のマムルーク朝滅亡後、同王朝に保護されていたアッバース朝カリフの末裔《まつえい》から、スルタンがカリフ位を譲り受けたというのはおそらく虚構である。しかし十八世紀後半に、南下するロシアのツァーリがオスマン領内のギリシア正教徒にたいする保護権を主張することへの対抗上、オスマン・スルタンはロシア領内に組み込まれつつあるイスラム教徒にたいするカリフとしての権威を強調しはじめた。さらにアジア、アフリカのイスラム教徒の大半が西洋列強の支配下にはいる状況のなかで、オスマン帝国は独立を維持するほとんど唯一のイスラム国家となっていくから、スルタン(カリフ)の支配と、そのスルタンによって統治される「崇高な国家」(オスマン帝国の自称)の正統性は揺るぎないものであったといえる(ただ一度、十九世紀後半にアラブ地域への影響力強化をはかるイギリスが、「トルコ人」がカリフであることの不当性を強調して、アラブの帝国からの離反をはかったが、アラブはこの宣伝に乗らなかった。また帝国自体もこのとき「イスラム国家」としての正統性をいっそう強調するという対応をとった)。

そのオスマン帝国には、マジョリティといえるような支配民族は存在していなかった。元来その興隆期に、個人レヴェルでは宗教の差違にさほど重きをおかなかったこの国では、十六世紀後半以降とくに「イスラム」が強調されるようになっても、支配階層の一員となるための条件はイスラム教徒であることとオスマン・トルコ語を使いこなせることの二つのみであった(オスマン・トルコ語はアラビア語、ペルシア語の影響を強く受けたかなり人為的な言語で、これにたいしアナトリアの民衆が使う言葉は「粗野なトルコ語」として蔑視《べっし》された)。したがって「民族」による選別はこの国にはなかったし、そもそも「民族」という概念をオスマン・トルコ語はもっていなかった。こうして、とりあえず宗教だけが自他を識別する指標であるこの国で、諸宗教と諸言語の共生が実現され、トルコ語を母語としギリシア文字を用いてそれを書き記すギリシア正教徒や、アルメニア語をギリシア文字によって表記するギリシア正教徒などが存在しつづけた。ブルガリアでも、イェルサレム巡礼をはたしたキリスト教徒が「ハジュ」という、メッカ巡礼をおこなったイスラム教徒と同じ称号で呼ばれ、イスラム教徒によっても敬意を表されるという状況があった。

だが、こうしたさまざまな人々の共生は、裏を返せば中央権力の強制力の弱さを象徴してもいよう。実際政府は、——自治を与えた異教徒はいうまでもなく、イスラム教徒も含めて——住民一人ひとりを掌握する意思をはじめからもってはいなかった。さらに十八世紀のオスマン帝国では地方分権化が進み、農業生産力の向上も貿易の進展も、中央の財政にはほとんどなんの影響も与えなかったといわれている。世紀の後半に三〇〇〇万ほどの人口をもっていたこの国の中央政府は、一〇〇〇人から一五〇〇人程度の官吏しか動かしてはいなかったのである。そしてその十八世紀は、ヨーロッパの反撃にあってオスマン帝国が西方の国境線を東へ向かって後退させていく時期でもあった。

こうして、改革が本格化する。

大きな政府への転換

十九世紀にはいって本格化した改革の柱は中央集権化だった。もちろん、当面の軍事的後退を食い止めるための軍事改革が最初におこなわれるが、財政面でも人的側面でも、それを可能にするために集権化が必要なことはすぐに理解された。したがって、長らく財政難の原因になってきたとみなされた徴税請負制を廃して政府の徴税官による直接徴収が試みられた。また軍事力強化のために徴兵制も導入される。いずれも、住民一人ひとりを政府が把握し、その収入も中央が掌握しておくことを必要とするだろう。こうして、改革の進展とともに官吏の数が飛躍的に増大することになる。十九世紀の末、帝国の領土が大幅に縮小した時点で、その数は一〇万にのぼったともいわれている。

そして官吏を養成するには新たな学校が必要になるだろう。したがって改革の進展と並行して、政府が住民の教育にまで責任をもとうとするようになる。改革の柱の一つが教育の普及であったということもできよう。そこで、何語で教育をおこなうかが大きな問題になることは明らかである。帝国全土に普及している言葉は存在していなかった。「オスマン・トルコ語」は支配階層が用いる、いわば文語だった。官吏養成の学校でそれが教育されることは当然だろうが、政府は帝国住民全体の教育水準の向上をめざしていた。近代的知識を、何語によって普及すればよいのだろう。

伝統的にオスマン帝国には、コーランとそれにかかわる学問を教授する学校が、全土に網の目のように広がっていた。異教徒の共同体も、それぞれの宗教的な伝統に基づいた学校をもっていた。欧米から宣教団がやってきてミッション・スクールもつくられつつあった。そしていま、これらの学校と並行して、新たな学校が政府によってつくられていったのである。初等教育においては現地の言葉を用いざるをえないのが実情だったろう。しかしそこでオスマン・トルコ語の教育をおこない、中等教育以上ではそのトルコ語による教育をおこなおうとするのが原則であったと考えられる。専門教育は外国語——とくにフランス語——でなされる場合も多かったが、オスマン・トルコ語は、こうした教育言語として期待されたこともあり、しだいにその簡略化——言文一致化——が進められていった。

このようにオスマン・トルコ語の優位がめだってくることが、帝国住民の反感をかわなかっただろうか。一概にそうともいえないのが実情で、政府による教育改革が、新知識の導入を希求する異教徒住民に期待をもって迎えられたという事例も存在する。だが、多宗教・多言語の混在・共生を特徴とした帝国において政府による教育を普及させようとすれば、それは否応なく住民の帰属意識、アイデンティティの問題とかかわらざるをえなくなるであろう。しかも十九世紀はナショナリズムの時代ではないか。ギリシア、ついでセルビアで独立運動が起こり、帝国のキリスト教徒住民が自らの「民族性」を強調しつつあったのがこの時代だった。そういう時代におこなわれた改革は、キリスト教徒だけではなくイスラム教徒のあいだにも大きな反響を引き起こすことになった。

自由で平等なオスマン国民?

改革を進める政府は、オスマン帝国をどのような国にしようとしたのか。その住民をどのようなものと考えていたのか。

モデルはフランスだった。フランス国の境界のなかに住む住民がすべてフランス国民と自覚し、フランス国の進歩のために貢献し、繁栄を享受している。——ヨーロッパに常設の大使館をおくようになったオスマン帝国の若いエリートが、そのようにヨーロッパ社会を観察した。一方、西洋列強は、「中世的神権政治」のおこなわれているオスマン帝国でキリスト教徒住民が不当に差別されていると主張し、帝国がヨーロッパ国際関係の完全な一員となるためにはその点が改善される必要があると圧力をかけた。列強は帝国領への進出を考えていたが、帝国も改革の実施やロシアとの戦いのために援助を必要としていた。

こうして両者の思惑が一致して、オスマン政府はその住民すべてが——すなわちイスラム教徒もキリスト教徒も、宗教の別にかかわりなく——法のもとで平等であることを打ち出した。十九世紀中ごろにおこなわれた一連の改革のなかで、たとえばイスラム創始以来、信仰の自由も含めた自治の承認と引き換えに徴収されてきた人頭税(ジズヤ)も廃止されることになる。新たな法を制定するための作業にキリスト教徒も加わることが認められる。

このように、一連の改革のなかにはイスラム的原理に抵触するものが含まれていたが、それにもかかわらず、改革は基本的にイスラムの枠内でおこなわれているとみなされた。たとえば新たな刑法がフランス法の翻訳を基本に制定されたが、その法はイスラム法の枠内に位置づけられていた。なによりそれは、スルタン(カリフ)の裁可をへて発布されたことで正統性が保障されていたのである。

こうした改革を推進する政府高官たちが構想していたのは「オスマン国民」の創出だった。宗教や母語の違いにかかわらず、オスマン帝国の国境内に暮らすすべての住民が自由で平等な「オスマン国民」であることが求められたのであった。一八七六年に制定された憲法において、住民すべてが宗教の差にかかわらず、例外なく「オスマン人」と呼ばれることが規定された。支配エリートのあいだには、のちにはアメリカの発展に注目する人々もあらわれる。出自からいえば民族的にも宗教的にも大きな多様性をもつこの国の住民がすべて「アメリカ人」という自覚をもって、国の驚異的な発展を支えている。オスマン帝国も自由と進歩を愛する東方のアメリカとなるべきである、という議論が登場するのである。

だが、すでに「セルビア人」や「ギリシア人」であることを選びとった人々がいた。さらに「ブルガリア人」たろうとしている人たちもいた。この人々に「オスマン国民」を受け入れさせるのはほとんど至難であったろう。実際、すべての住民の平等の原理に則して、異教徒住民にも武装する権利が与えられ、彼らも徴兵の対象となったから、彼らの帝国への帰属意識はみるまに希薄化していくことになる。また、一八七六年憲法は「国家の公用語」がトルコ語であることを明記したため、学校や官庁でのトルコ語の比重は明らかに増大することになったはずである。それが非トルコ系の、とくにキリスト教徒住民に「同化の強制」と映ることは当然であろう。彼らの帝国からの分離・独立の傾向は、「平等」の賦与《ふよ》にもかかわらず、こうして加速することになる。

一方イスラム教徒からみれば、人頭税の廃止や立法作業への非ムスリムの参加は、イスラムに反するとしかみえなかった。そうした反イスラム的な政策を、西洋の圧力に屈して政府が採用したという根強い反感がイスラム教徒住民のあいだには存在したと思われる。現実に、西洋の経済的進出にともなって利を得たのがキリスト教徒の貿易業者やあるいは地主だったから、そしてオスマン帝国の領土的後退にともなって、バルカンにおけるイスラム教徒住民への暴行、掠奪も増大するから、キリスト教徒住民にたいする反感が、帝国のイスラム教徒のあいだにしだいに蓄積されていくことになる。したがってキリスト教徒住民が「同化」の強制に抗議の声をあげたとしても、それがイスラム教徒の共感を得る可能性は極度に低いのであった。

こうして、中世においてユダヤ人にたいする迫害が存在したヨーロッパ・キリスト教社会で、彼らを平等な国民として組み込んでいくための手段とされ、したがってプラスの価値を与えられていた「同化」が、宗教を原因とする迫害が基本的に存在しなかったオスマン帝国においては、マイナスの価値を負うことになったのである。そこでは、「平等」の概念そのものが、イスラム教徒知識人によって、改革を批判するための有力な鍵概念として使われるのである。「平等」の実現は、イスラム教徒からみれば異教徒への特権賦与にほかならなかったからである。

不平等はあっても迫害や差別の存在しないかたちで統合を実現していた社会において、新たに抑圧を生み出さずに不平等を解消する可能性が追求されるかわりに、迫害のあった地域で生み出された同化という方法を選ぶことで、新たな抑圧が生み出されたといいかえることもできるであろう。そして平等の実現は、近代国家としてヨーロッパの仲間入りをするための条件として、列強によってオスマン政府に与えられた課題でもあったのである。

さらにいえば、オスマン政府は「反イスラム的」と指弾される政策をとったことで、その統治の正統性すら危うくしたのであった。反政府運動の展開がそれを象徴している。ただし注目すべきは、そうした批判が、どこまでも政策を推進した政府高官に集中していたことで、その上に屹立《きつりつ》するスルタン(カリフ)の存在自体は自明とされていたのである。

そしてその君主を排除して成立するのがトルコ共和国なのである。

トルコ共和国の成立

　オスマン帝国が第一次世界大戦で敗れた結果生まれたのがトルコ共和国だったわけではない。共和国の立場からすれば、大戦後オスマン領の分割を画策し、その実現のために大ギリシア主義に鼓吹されたギリシア軍を利用しようとした帝国主義列強と戦って、勝ちとったのが共和国なのであった。当然、多くの犠牲が払われた。現実に、一九一一年にイタリアがオスマン領リビアに侵攻して以来丸一一年間、アナトリアの住民は戦いつづけてきたから、その犠牲者は二五〇万人に達したと考えられる。もちろんその間に、アナトリアのアルメニア人口（一五〇万）とギリシア人口（一二〇万）も、戦争、移住、「虐殺」などによってほとんど消えていたが、トルコ共和国にとって問題なのは、イスラム教徒――そのなかには相当数のクルド人も含まれるが、とりあえずすべてがトルコ人とみなされる――の膨大な犠牲であった。その貴重な犠牲のうえに築かれたのがトルコ共和国なのであった。そしてスルタン（カリフ）は、自己保身のために列強に協力し、共和国の成立を妨害していたのである。

　こうして、同胞の大量死によってあがなわれた共和国は、その犠牲ゆえにほとんど神聖であり、さらに帝国主義との戦いを指導したムスタファ・ケマル（アタテュルク）大統領には圧倒的な権威と正統性とが与えられることになった。全面的な西洋化をはかることでしか共和国の発展は望めないと考えたアタテュルクによって、西洋化の障害となるイスラムは徹底的に排除され、帝国主義に協力したスルタン（カリフ）も放逐された。共和国がこのようにして成立したから、世俗主義に反対し、イスラムを強調してスルタン（カリフ）制の復活を望む者は、共和国の正統性自体を否認する者として除かれることになった。

イスラムという、十数世紀にわたって国家の正統性を支えてきた原理をすてた共和国は、その代替物として、一つは指導者アタテュルクへの徹底した個人崇拝を、いま一つとして「トルコ民族」の優秀性の強調をあみだした。「トルコ民族」本来の力を封じ込め、諸民族のごった煮によって成り立っていたオスマン帝国の残滓《ざんし》を徹底的に振りはらうことで共和国が生まれたのである。その共和国は、「トルコ民族」がもっている力を十全に発揮した結果成立したのである。こうしてアタテュルクとその党による一党支配体制、およびその脱イスラム化(世俗主義)政策が、いかなる批判や反対からも超越した、ほとんど絶対的なものとなっていった。

また、共和国成立直前の、帝国主義列強(ギリシア軍)との戦いの段階ではその存在を認知されていたクルド人は、共和国の成立とともに無視されることになった。トルコ共和国はトルコ人の国民国家であって、アナトリアに住む住民はすべて「自由で平等なトルコ人」なのであった。こうして、アナトリア東部の山岳地帯に居住するがゆえに「山岳トルコ人」とも呼ばれることになるクルド人の存在自体が共和国によって否定され、同化政策がとられることになった。この結果、多宗教・多言語が共生したオスマン帝国においてはマイナスの価値を背負わされた「平等」概念が、トルコ共和国においてはプラスに転化し、すべての国民が平等である旨、憲法にも明記されることになったのである。

冷戦とその政治的影響

第二次世界大戦でトルコは中立政策を守りぬいた。ソヴィエトの脅威が、その主たる理由であった。共和国成立期には「反帝国主義の友邦」として援助を受け、一九二〇年代には政治的にも経済的にも密接なつながりをもっていたソヴィエトが、一九三九年の協定でドイツと東欧分割について合意したことが、トルコに大きな衝撃を与えていた。共和国の「六原則」のなかに、世俗主義や共和主義と並んで「人民主義」を掲げ、ただしすべての人民の連帯によって支えられる「無階級国家」を標榜してきたトルコは、その後英仏両国と相互援助条約を締結したものの、独ソ開戦ののちも参戦回避の努力を続け、じつに一九四五年二月まで、その中立を維持したのである。膨大な犠牲を払って勝ちとった共和国の境界線を守ることが、アタテュルクを継いだ共和国首脳にとって至上の命題だったからである。

大戦期のトルコのこうした態度が、ソヴィエトとの関係悪化をもたらす。スターリンはさらに、ボスフォラス・ダーダネルス両海峡地帯におけるトルコの主権を認知したモントルー条約(一九三六年)の改定を主張したり、ブレスト・リトフスク条約でトルコ側に返還していた――もともと一八七八年にベルリン条約でロシアがオスマン帝国から奪っていた――トルコ東方領の再割譲を要求したりしはじめたから、トルコ・ソヴィエト関係は決定的に冷え込むことになった。

こうしてトルコはアメリカへ接近することになる。一九四五年四月のサンフランシスコ会議に参加して国際連合原加盟国となり、「民主主義勢力」の一員としての立場を明確にしたトルコは、さらに四七年にはトルーマン・ドクトリンに基づいたアメリカの援助を受け入れ、反共最前線基地としての役割も担うことになった。このことは、一党支配体制を続け、計画経済を実施してきたトルコに大きな政策の転換を迫ることにもなった。トルコは「自由で民主的な資本主義国」であることを自ら演出する必要に迫られたのである。

一九四五年五月の段階で、すでに第二代大統領が「民主主義の原理がより広汎に適用される」ことを示唆していた。その後、世界的な民主化の流れにそって複数政党制を認めるべきであると主張するグループが活発な活動を展開し、四六年一月に新党が結成されて、トルコは複数政党制の時代を迎えるのである。国家（＝党）によって新たな価値観を指導され、教育される対象にすぎなかった国民が、政党の消長を左右する有権者に変わったことを、この変革は意味しているだろう。したがってその後、それまでの徹底した脱イスラム化が緩和されるなどの政策の変化がみられることになるのである。

またトルコは、アメリカ国務長官ダレスの世界戦略にとって枢要な駒となったから、一九五二年には北大西洋条約機構（ＮＡＴＯ）に正式に加入し、五五年にはバグダード条約機構の一員ともなった。また五八年に始まったレバノン内戦に際しては、これに介入するアメリカ海兵隊を国内の基地から出撃させることにもなった。こうして中東イスラム圏に属するアラブ諸国からは、トルコは真の盟友とはみなされなくなっていくのである。

冷戦とその経済的影響

共和国成立以来、ソヴィエトの助言や援助も受けながら始められた計画経済は、当然アメリカの批判するところであった。また現実にトルコ国内にも、経済への国家の介入を桎梏《しっこく》と感じる民族資本が育ちつつあった。こうして、一九四七年に策定された「新五カ年計画」が廃棄され、新たな「トルコ開発計画」が発表される。同年トルコは国際通貨基金(IMF)への加入準備として一二〇%の通貨切下げもおこない、世界経済へ参加するための準備を着々と進めることになる。

さらに一九五〇年に政権交代が実現し、自由経済を主張してきた政党が政権につくと、アメリカからの莫大な援助と貿易の進展とがトルコ経済を一気に活気づけることになった。トラクターの急増、低利融資の促進、従来の鉄道建設にかわる道路網整備の推進が、トルコ農村に多くの富を流入させ、農村を都市と結びつけることになった。

だが、こうした政策で利益を得たのは大地主、富農層に限られていた。彼らの新たな利益にはほとんど課税されず、一方、機械化で職を奪われた分益小作人はやむなく離農し、都市へ出た。だが、この時代に工業化は必ずしも順調に進展していなかったから、都市へ流入した人々の多くはインフォーマル・セクターへ吸収され、都市の周辺にスクウォッター(不法居住者地区)を形成していくことになった。貿易赤字の拡大とインフレの昂進は都市の給与生活者を直撃したが、政府は対ソヴィエト最前線基地という地政学的立場を利用して援助を受けつづけ、政策の転換をおこなおうとはしなかった。こうしてトルコの経済は、目先の成長のみを追求し、長期的な発展への布石を打たないままに悪化の一途をたどることになるのであった。

共和国の正統性の危機?

経済の混乱に政治が対処できず、テロが横行するというパターンを繰り返して、トルコは一九六〇年、七一年、八〇年と続けて軍部の政治介入を招いた。軍部はケマル・アタテュルクによる共和国革命を支えることをその使命とするから、経済、外交政策には深く立ち入らないが、世俗主義の遵守にかんしては、ほとんど「原理主義」的にそれに固執することになる。ところが政治は、すでに第二次世界大戦後、長く複数政党制を経験してきたから、国民の意を迎えるために、脱イスラム化政策の緩和を継続しておこなってきていた。ここに、現代トルコ国家がかかえる深刻な危機が生まれる素地があった。

アタテュルクによる革命はそれなりの成果をあげて国民に浸透し、イスラム教徒としての義務を「トルコ人だから」遂行していると意識する農村婦人を生み出してもいる。しかしその一方で、人々のあいだに広く深く根をおろしていた神秘主義教団を禁圧したことや聖者廟を閉鎖したことは、人々の信仰——むしろ信心?——のよりどころを奪ったものと考えられるから、革命は必ずしも人々から全面的に無条件に歓迎されていたわけではないと思われる。そこへ、複数政党制への移行ののち、アタテュルクの打ち出した脱イスラム化政策が一つずつ改められていき、宗教心を公に発露したいという人々の欲求が少しずつ満たされていったのである。同時に経済危機が、人々のあいだの貧富の格差をしだいに拡大させ、経済の成長にとり残された人の数と不満とを少しずつ蓄積していった。そしてそうした人々の不満を、イスラム的な文脈で吸収する政党が一九七〇年代以降登場し、トルコ政治の混乱を助長することになる。この政党がアタテュルクの革命を否定し、その政策を非難するような言動を公然と示したことが、一九八〇年クーデタの直接的な引き金になったのである。

クーデタ後の軍事政権は、アタテュルクとその革命、そしてその革命の原理の国民への再浸透に多大な努力を傾注し、世俗主義が共和国の根幹であることをとくに強調して、イスラムの復活を極力おさえる政策を強力に推進した。民政移管後もそれは継承されたが、政権党が自由主義的開放経済政策を追求したことで、国民のあいだの貧富の格差はさらに広がり、そのうえ政権党の腐敗が国民の前に暴露されたから、イスラム主義政党は政治の現状に失望する人々の票を吸収して、その党勢を大きく伸ばすことになった。そしてついに一九九五年には、かつてアタテュルクの革命を否定してクーデタを招き、逮捕されて政治活動も禁止されていた政治家の率いる政党が第一党に躍進し、翌年には政権につくことになった。

共和国の正統性自体を否定しかねないこの事態に、軍部を中心とする「国家保安協議会」が強い懸念を表明して、この内閣は一年足らずで崩壊し、さらにその政党自体も解党されたが、ただちに代替党が組織されて、これは現在でも少なからぬ支持を集めつづけている。こうして共和国の正統性を支える太い柱が揺らぎはじめたが、重要なことはその揺らぎを押しとどめようとする――共和国の支えであると自覚する――軍部の動きが、EUによって「反民主的」として非難されることである。

トルコは一九六四年にEC準加盟国となり、八七年にEUへの正式加盟を申請し、さらに九六年にはその関税同盟にも加わっているが、EU側はトルコ政治への軍部の過剰な介入を理由の一つにあげて、その正式加盟に難色を示しつづけているのである。そしてEU側があげるトルコの反民主主義的体質のいま一つの例が、クルド人問題である。

トルコ共和国はトルコ人の国民国家であった。これまでそれは、ほとんど自明のことと考えられてきたが、しかし共和国内には少なからぬ数のクルド人がいて、その民族的な活動を著しく制限されてきたのであった。一九八〇年代以降、そのクルド人の一部が組織をつくって無差別的なテロ活動を始めたため、政府はこれの徹底弾圧をはかった。このことがＥＵによって人権の抑圧と指弾され、トルコの正式加入のための大きな障害となったのである。クルド人の存在を認めることは「トルコ人の共和国」という、共和国の正統性自体に疑問を投げかけることになるから、トルコ政府はあい変わらず強硬な手段をとりつづけている。

国民国家の概念とそれを実現するための同化政策、いずれもオスマン帝国が近代化をはかり、さらに西洋の仲間入りをするために採用したものであった。そして、まさに西洋化の大きなステップとしてトルコ共和国が選んだのが世俗主義であった。それらがすべて、ほかならぬ西洋によって、西洋への仲間入りのための阻害要因として指摘されているのがトルコの現状であるということができるであろう。ＥＵがその加盟への最大の障害としている経済問題についていえば、トルコ共和国の経済の混乱は、疑いなく政治家たちの経済運営の拙劣さに原因があるだろう。だがその運営を支え、反共最前線基地トルコに、返済のめども立たない借款を供与しつづけたのが欧米であったことも、また一つの事実であろう。

このように、オスマン帝国以来、西洋と抜き差しならぬ関係をもちつづけたトルコは、とくに第二次世界大戦後その関係を深化させるなかで、共和国の正統性自体を問われるような深刻な危機を迎えているということができるのである。

参考文献

新井政美『トルコ近現代史』みすず書房、二〇〇一年。

鈴木董『オスマン帝国』（現代新書）講談社、一九九二年。

鈴木董編『暮らしがわかるアジア読本――トルコ』河出書房新社、二〇〇〇年。

永田雄三編『西アジア史 Ⅱ』（新版世界各国史 9）山川出版社、近刊。

林佳世子『オスマン帝国の時代』（世界史リブレット 19）山川出版社、一九九七年。

ラテンアメリカの国家とその危機

辻　豊治

ヨーロッパ近代の陰画としてのラテンアメリカ

コロンブスからグローバル化時代の現在にいたるまで、ラテンアメリカの歴史は外部からの支配とその支配の構造化という受容局面とその危機を内部から積極的に変革の契機としていく運動局面が交錯し、関係しあって形成されてきた。この小論では、ヨーロッパの近代化にともなうラテンアメリカの位置、ラテンアメリカ自体の近代化過程を概観しながら、ラテンアメリカにおける近代国家から現代国家への移行の意味、現局面であるグローバル化過程におけるラテンアメリカの危機と対応について、この企画においてラテンアメリカにかかわる部分に言及していきたい。

ヨーロッパの近代は、世界市場が地球的規模で拡大することによって成立したという意味で、コロンブスに代表される大航海時代に求められよう。アメリカ（大陸）がヨーロッパ近代に包摂されることによって近代世界システムが成立したのである。この意味でラテンアメリカとヨーロッパは近代の陽画と陰画の関係として始まることとなった。当時、ヨーロッパにおける中心国の一員であるスペインとの接触は悲劇的な出合いであった。カリブ海諸島での先住民絶滅、大陸部での先住民人口の激減と奴隷化が進行した。植民地初期の「征服」過程に立ち会ったスペインの司教ラス・カサスによる告発の書『インディアスの破壊を弾劾する簡略な陳述』［ラス・カサス 1992］は全篇、スペイン人による殺戮《さつりく》と掠奪《りゃくだつ》の証言に満ちていた。スペイン人たちはこの行為を神の意志に添う聖なる使命として自らを正当化した。こうした初期の収奪過程からスペインの植民地支配が始まった。その支配を支えたのは、インカ、アステカの社会的基礎であった先住民共同体の再生産を前提とする貢納・賦役であった。共同体首長を通じてさまざまな種類の貢納が先住民に課せられた。また共同体から供出された労働力は、スペイン人所有の農園や鉱山での強制的な収奪労働となり、こうした強制労働によって産出された農産物、鉱業産品はラテンアメリカにおけるスペイン社会を物質的に支えたばかりでなく、とくに銀は十六世紀中葉以降、大量にヨーロッパに輸出され、ヨーロッパの近代を決定づける価格革命を引き起こした。ラテンアメリカはヨーロッパによってまさに近代の場に引きずり出され、その近代を加速する役割を振り分けられることとなった。

ヨーロッパにおける近代国家システムの形成は、フランス革命を契機とするが、十九世紀初頭、ラテンアメリカの最初の独立国となったハイチの独立革命はフランス革命の直系であり、他のスペイン系アメリカ諸国も独立の理念としての啓蒙思想をフランス革命から学んだ。さらに独立革命への胎動は、ナポレオンによるスペイン侵攻をきっかけとした。この意味でラテンアメリカの独立は、ヨーロッパにおける国民国家の成立と表裏一体である。

独立後のラテンアメリカは、十九世紀を通じて近代国家の形成を最大の課題とした。独立後の内乱を経ての中央集権政府の樹立がみられ、国境紛争(米墨戦争、パラグアイ戦争、太平洋戦争、アクレ戦争など)を通じての国境・領土の画定が試みられた。一方、国民意識の形成はクリオーリョのレヴェルにとどまり、アンダーソンの言葉を借りれば、非識字者としての先住民にまで出版資本主義は到達しなかった[アンダーソン 2000: 94, 95]。

ラテンアメリカにたいする包摂、支配の原動力となったヨーロッパの近代を導いた原理は、ラテンアメリカ独立の原理となり、また独立後の国家形成の原理ともなった。ヨーロッパがラテンアメリカをその経済的後背地として包摂したように、ラテンアメリカの近代化過程はその末端に先住民(共同体)を位置づける段階に達していた。この過程は英国＝寡頭支配層に対抗する米国＝新興支配層の台頭によって促進されることになる。

二十世紀における世界システムの大きな転換は新興帝国主義国家アメリカの台頭である。米国のラテンアメリカへの対応は軍事力を背景とする経済支配を主軸とする。米国資本は十九世紀後半を通じてキューバの砂糖産業、メキシコの鉱山・鉄道、中米のバナナ農園、ペルーの銅鉱山・砂糖農園などを支配した。また当時コロンビア領であったパナマにたいして運河建設をめぐりコロンビアからの分離・独立を画策し、一九一四年の運河完成にともなって交通と軍事の要衝を手中に収めた。

世界恐慌と輸入代替工業化

近代国家の経済基盤となる自立した資本主義化への試みは、新たな外部からの危機を契機とした。一九二九年の世界恐慌は、従来一次産品輸出を主軸としてきたラテンアメリカにとって欧米との貿易・投資の断絶をもたらし、その経済にとって壊滅的な影響を及ぼした。この結果、三〇年代のラテンアメリカは経済危機にともなう政治危機・社会危機にさらされたが、一方この危機は、ラテンアメリカ経済に大きな転換をもたらすものでもあった。ヨーロッパ産品の輸入停止から国産化の条件が生まれた。繊維・皮革、食品加工など軽工業を中心とした、いわゆる輸入代替工業化である。もちろんこうした工業化は輸入の途絶だけでもたらされるものではない。すでに米国資本と結びつく官僚・中間階級の出現、インフラ建設、鉱山・都市工業における労働者群の形成など工業化を支える資本・労働の原初的な関係が成立していた。

この工業化を支えたのは政治的には近代化過程のなかで政府官僚の増大、都市商工業の拡大を通じて形成される中間階級、労働者および労働予備軍であり人口の多数を占める農民の三つの階級からなる階級同盟であった。具体的な政治アクターとしては軍部、政党、労働組合、農民組合、教会、ゲリラなどが階級横断的にそれぞれの利害を政治の場で表現していく。この階級同盟の形成と展開は、文化的・思想的運動として、ヨーロッパの近代思想、西欧モデルの見直しをともなった。形成期を終えた国家を真の民族国家として民族主義のもとに国民を統合していく新たな運動である。世界恐慌後の三〇年代初めには国内市場、ポピュリズム、民族主義が一体となる社会状況が現出した。

三〇年代以降のラテンアメリカ政治は、寡頭支配勢力と下からの階級同盟(ポピュリズム)がそれぞれ軍部と政党という政治アクターを通じてその主張を表現させていくこととなった。第二次世界大戦後、植民地地域の独立によって世界規模での国家間関係を形成するという意味で現代国家システムと呼ぶとすれば、ラテンアメリカは民族主義、経済的自立、工業化といった現代国家システムのもとで国家形成をめざす旧植民地諸国と共通する課題をもつこととなった。ラテンアメリカ政治を包括したポピュリズムの流れは政策としては工業化を基軸として労働立法、農地改革が階級同盟の利害と一致するかたちで実施された。階級同盟の崩壊は三つの政策の資源配分がどのような比率で決まるか、その政治主導権をいずれの階級が握るかに規定されることになろう。

戦後の開発主義と農村の危機

一九五〇年代末における南北問題の議論の高まり、キューバ革命による社会革命への期待と脅威が取り沙汰されるなかで革命か独裁かの二者択一にたいする第三の道としてのゆるやかな改革の選択肢が提起された。この背景にはラテンアメリカにおけるキューバ革命の波及にたいする米国の懸念があった。ケネディ政権は農村がゲリラ運動の基盤となるという認識から農村の現状改革が政治的にも経済的にも政策の焦点となっていった。

ラテンアメリカの農村は植民地期以来、大土地所有制のもとで極端な所有格差が存続してきた。この構造は独立によっても解消されず、十九世紀後半の輸出経済の発展、二十世紀初頭の近代化過程の進展によりむしろ強化される方向にあった。ラテンアメリカの低開発性の原点がここにあるというべきだろう。ラテンアメリカ全体を統一的な基準で実施された土地所有制度の調査は唯一、一九六〇年のものしかないが、この調査は五%の大農場が八〇%を所有する一方、八〇%の零細農場が五%しか所有していないという農村における二極分解の状況を明らかにした。大農場は農業労働人口の五分の一にみたず、また農業労働人口の三分の一が土地をもたない農民であった[Gwynne and Kay 1999: 274, 275]。このような大土地所有制を是正する方策が農地改革である。ラテンアメリカにおける農地改革は、一九一〇年のメキシコ革命がもたらした農地改革から始まる。一九一七年メキシコ憲法の第二七条は天然資源とともに土地の国家所有(国家主権)を規定したが、この条項に基づいて三四年に大規模な農地改革が実施された。以後、五二年グアテマラ革命、五四年ボリビア革命、五九年キューバ革命といった各革命過程の一環として農地改革が位置づけられた。とくにキューバ革命は不可逆の改革過程をたどり、反米帝国主義、反大土地所有制を実現するものとして共通の課題をかかえるラテンアメリカ諸国に大きな影響をもたらした。キューバ革命は社会主義という経済基盤のもとで近代国家の基礎となる国民統合(共同体意識の形成)を達成した。実際、ポピュリズム運動として開始されたカストロの運動は米国との軋轢《あつれき》のなかで社会主義に進化していった。

六〇年に発足したケネディ政権は対ラテンアメリカ政策として「進歩のための同盟」の名のもとに農地改革や工業開発などの改革の促進を条件として資金援助を実施した。農村における格差・貧困の解消こそ農村ゲリラ闘争の基盤をなくす一番の処方箋であるとの認識に基づくものであった。農地改革は農村に社会正義をもたらして社会的安定を実現するとともに、政治的には大土地所有層の権力基盤を掘り崩し、市民社会・民主社会に近づけることであり、経済的には国内市場の形成を通じて工業化の基礎をつくりだすことである。こうして農民および農村を社会的・政治的・経済的に統合していくことにある。この改革主義をラテンアメリカ側から担ったのは、一九六〇年以降成立した第二世代のポピュリズム政権であった。しかしこの改革は革命過程を前提としない微温的なもので大土地所有層の抵抗に遭って挫折した。

そして、六〇年代のゆるやかな改革に基づく開発は、七〇年代は性急な開発とそれにともなう金融資源の偏った配分への不平を力で抑える開発独裁に道を拓いた。ブラジルにおける六四年の軍政を嚆矢《こうし》として、この時期の軍政は権威主義体制あるいは開発独裁の名で知られ、政治的には他の政治アクターを押さえ込むことによって金融資源を独占し、特定の分野に集中的に投資することによって工業開発を推進するという共通性をもつ。一部の例外(メキシコ、ベネズエラ、コロンビアなど)を除き、七〇年代にはラテンアメリカ諸国の大多数は独裁政権のもとに支配された。しかし一方では、労働者、農民との階級同盟を維持しながら開発の主導権を維持するペルー、ボリビア、エクアドルなどの軍事ポピュリズムの傾向もみられた。軍政期のブラジルにみられるようにある程度、米国離れの方向を模索する場合もあったが、基本的にゲリラ闘争などの国内革命勢力の封じ込めによる「国内安全保障ドクトリン」に基づく政治的意図と米国資本に依拠する国家資本主義に基づく国内開発が経済戦略として方向づけされた。市民社会が一定の成熟をとげていたチリにおける一九七〇年の社会主義政権の成立は、ポピュリズムから社会主義への例外的な流れであった。

七〇年代末にはOECDの定義によるNICSとしてメキシコ、ブラジルが取り上げられ、さらにそれに準じた国としてアルゼンチンの名前があげられた。しかし八二年のメキシコ債務危機を境にラテンアメリカ諸国はいわゆる重債務国として経済危機に陥り、八〇年代のラテンアメリカは「失われた一〇年」と呼ばれる一九三〇年代を再現する未曾有の経済的・政治的・社会的危機に直面することになった。石油危機によるオイルダラーのＮＩＣＳへの過剰流動性に起因するものであるが、基本的には外部経済に依拠する経済構造が三〇年代には貿易の停止、八〇年代には外資の途絶が招いた危機であった。この危機は一九三〇年以来ラテンアメリカの経済政策を規定してきた国家主導に基づく工業化政策の再検討を促すこととなった。

農村においては、七〇年代にはいると「緑の革命」が進行し、大土地所有者による上からの農業資本主義化が進行した。この資本主義化にともない従来の刈分小作や賃小作などの小作制度はしだいに姿を消していった。八〇年代のラテンアメリカ農民の状況について、クリストバル・カイは次のように述べている。「ラテンアメリカの農民は半プロレタリア化と構造的貧困の永続的過程にとらわれているようだ。彼らの農場外での所得源、一般的には季節賃労働へのアクセスは、彼らの土地への執着を可能にし、完全なプロレタリア化を妨げることになる。この過程は、農業生産における競争者として小農を排除し、彼らを低廉労働力に変えるので農業資本家に有利である」[Gwynne and Kay 1999: 292]。このように農村労働力は賃労働に向かうことなく、季節労働や半プロレタリア化が進行していった。こうした傾向をペルーの社会学者シネシオ・ロペスは「プロレタリア化なき脱農民化」[López 1992: 228]と表現した。たとえばブラジルおよびチリでは(一九八五年)、このような半プロレタリア・季節労働者が農村労働力の三分の二を占めた。

このような二極構造が維持され、不安定な雇用、低賃金に規定された農村の危機が恒常的に都市への移住を促す最大の要因となっている。

「民衆の氾濫」がもたらす国家の危機

ヨーロッパにおける近代国家システムの形成と時期を同じくして、ラテンアメリカは独立したが、十九世紀の近代化努力にもかかわらず近代国家の条件ともいうべき国民統合、国民経済、国民主権の課題を解決しえないまま、現代国家システムのなかに放り出され、近代の課題を残しつつ福祉政策、社会政策にあらわされる現代国家の課題を背負うこととなった。

ラテンアメリカの第一次世界大戦後における最大の変化は都市への人口集中、すなわち都市化の急速な進行である。いまやラテンアメリカは世界有数の都市化社会となっている。しかしそれはスラムの形成、インフォーマル部門の肥大化という新たな都市問題を生み出すこととなった。ラテンアメリカ全体で農業以外の雇用においてインフォーマル部門が占める割合は、一九八〇年─四〇・二%、八五年─四七・〇%、九〇年─五二・七%と貧困化が進んでいる。ペルーの社会学者、マトス・マルは八〇年代のもっとも重要な著作の一つ『民衆の氾濫と国家の危機』のなかで、八〇年代におけるペルー社会変化の最大の要因を都市化にともなう民衆層の増大に求め、これを「民衆の氾濫」と表現した[Matos Mar 1998: 89–95]。この場合の民衆とは、農村の貧困や暴力(内乱、ゲリラ戦争、麻薬戦争)により都市に大挙して避難し、スラムに居住し、インフォーマル部門に就業する人々であった。国家はこの事態を放置しただけではなく、この事態を悪化させ、その正統性を放棄していった[Matos Mar 1998: 13, 14]。近代国家から現代国家に引き継がれるべき国家としての正統性の放棄である。国家による政治的暴力としての軍部と結んだ人権侵害や国家テロの存在、社会的暴力としての女性差別やストリート・チルドレンの放置にみられる女性・児童問題、公共サーヴィスの放棄や政府官僚組織の末端まで広がる構造的な汚職、経済的暴力としての高失業の黙認と作為的なインフレがつくりだされた。

国家による正統性や公共性の放棄は、対抗的な活動・運動や暴力を生み出すことになる。三〇年代の民衆は少なくとも階級同盟の内側から政治参加する(あるいは政治動員される)人々であったが、現代の民衆は階級同盟の埒外《らちがい》におかれている人々である。ただラテンアメリカは政治的には、七〇年代の軍政から八〇年代を通じて民主化が進められた結果、民衆は選挙での投票を通じて政治にかかわることとなった。しかしそれは一日だけの主権の行使にしかすぎない。カールは民主主義の前提として次の四点をあげている[Karl 1996: 23]。

⑴ 政策、政権をめぐる政治的競争、⑵ 政党や団体、集団行動を通じての市民参加、⑶ 代議制度や法の支配に基づく被支配者への支配者の説明責任、⑷ 軍部にたいする文民統制。

ラテンアメリカは依然としてこうした条件を満たすにいたっていない。九〇年代のラテンアメリカの諸政権は民主主義の定着を最大の課題としてきたが、軍部による政治介入の脅威がいまだ去らず、また民衆レヴェルでの政治的制度化(市民社会の形成)が未成熟である。さらに民衆がおかれている経済条件が民主主義の定着を妨げる。すなわち、民主主義は国民にたいし少なくとも「代議制民主主義の整備によって、政治的な主権を付与(する)と同時に、諸種の保護立法や社会保障制度の整備によって、雇用や消費購買力といった経済的な能力をも保証」[斉藤 1998: 235]しなければならない、とすればラテンアメリカにおける民主主義は、きわめて脆弱《ぜいじゃく》な基盤の上に立っていることになる。

この民衆の氾濫は都市の市民社会にも及び、都市に居住する中間階級の生活条件を悪化させていった。こうした民衆予備軍は農民であり、インフォーマル化する中間階級である。国家としての正統性の喪失が市民社会の存立をも危うくしている。ここに民衆運動と市民運動が連動する条件が生まれる。

グローバル化がもたらす国家の危機

一九九一年のソ連の崩壊とともに社会主義を標榜する政党、労働組合運動は低迷、衰退していき、西欧型思想的・文化的価値観がいきわたる状況が生まれている。この結果、低開発諸国は自立した開発、発展の機会を奪われ、脚光をあびる領域と取り残された部分のあいだで以前にもまして貧富の格差が広がり、雇用、治安、実質賃金のいずれの指標も悪化を示している。

九〇年代のラテンアメリカの諸政権は八〇年代の緊縮政策の延長線上にグローバル化に対応する新自由主義と呼ばれる対外・国内政策を採用した。一九三〇年以前の自由主義政策の再現である。この政策転換は米国政府とその意向を受けたIMF・世界銀行によって主導された。一九八九年ワシントンで国際経済研究所が主催した国際シンポジウムはラテンアメリカ経済危機の処方箋として次のようないわゆる新自由主義政策を提案した[Gwynne and Kay 1999: 83]。

⑴ 貿易の自由化や外国直接投資を通じてのラテンアメリカ市場の世界経済への開放。

(2) 規律ある財政、均衡的な予算、税制改革を通じての民営化による政府の経済への直接的介入の削減。
(3) 規制緩和、財産権の保障、金融の自由化を通じての資源配分および民間部門を経済成長の主要手段とするなど市場の役割の増大。

これがワシントン・コンセンサスと呼ばれるもので、一九九〇年代のラテンアメリカの経済政策を決定づけることとなった。おもに軍政による開発独裁のつけであるこの経済危機は、政治的には民政移管による民主化という効果をもたらした。新たに登場した民政政権は経済の立て直し策としてＩＭＦの緊縮政策を受け入れるとともに従来の開発政策から一次産品輸出を強化し、外資の活動を円滑化するための国内体制を整備していく開放経済モデルへの転換をはかった。

この政策の帰結は、先進国政府・国際金融機関との協調、海外資金の流入（輸出の増大、金融の自由化、民営化による国際入札を通じての流入など）により累積債務問題は相対的に軽減されることになった。これが九〇年代における一定の経済成長の達成とインフレの鎮静化につながった。新自由主義政策を忠実に実施していったアルゼンチンやペルーでは一九九〇〜九七年で年率それぞれ五・九％、五・二％という高度な成長率を示す一方、ハイパーインフレに見舞われていた両国は、そのピーク（アルゼンチン――一九八九年に四九二三・六％、ペルー――一九九〇年に七六四九・六％）に比較すると一九九八年にはそれぞれ一・二％、八・四％と低下し、インフレはほとんど終息した。しかしワシントン・コンセンサスに基づく民営化や公共事業の削減といった競争原理の導入は、失業率を増大させるとともに所得格差を広げることとなった。また農村においても一九九二年におけるメキシコ一七年憲法第二七条の改定にみられるように、農地の国家所有規定が排除され、資本主義経営への移行を決定づけた。グローバル化のもとでの新自由主義政策により共同体所有地や改革農地の分割化・売却が進み、農業における資本主義化が急速に進んだ。こうして農業労働者は不安定でセーフティネットをもたない労働条件のもとにおかれることとなった[Gwynne and Kay 1999: 288]。

これにともない、従来、二十世紀(現代)国家が担ってきた雇用保障、農地改革などの再分配政策、公共事業、福祉などの社会政策を放棄することとなって、ラテンアメリカにおいては都市化の急展開に対応しえないまま、グローバリゼーションの進展が国家機能の喪失をいっそう加速させた。こうした状況にたいし、従来、政府批判の先頭に立っていた左翼政党や労働組合などの批判勢力は東側陣営の崩壊や社会主義モデルのいきづまり、民営化、労働法規の改定による労働の「柔軟化」(雇用保障の撤廃)にともなってその影響力を低下させてきた。この間隙は民衆・農民レヴェルでは、生活防衛としてのインフォーマル経済の形成、零細工業地区の形成、スラムの形成と改善(共同調理、一杯のミルク運動)、スラムの自主管理活動、投票行動、民衆運動、先住民運動の展開として、都市における中間階級を中心とした市民レヴェルでは、頭脳流出、出稼ぎ、NGO・NPOの活動、二重就業、インフォーマル経済への進出などの対応、運動としては地域経済の活性、失業・インフレへの自衛策として地域通貨運動が提起されている。現在アルゼンチンの債務・金融危機が問題となっているが、市場の失敗、政府の失敗に対抗する市民運動としてアルゼンチンでは一九九六年以降、グローバル交換システム(RGT)という名の地域通貨システムが普及している。民衆の氾濫が中間階級に及ぶにいたって一つの潮流となり、運動レヴェルでどのように表現されることになるのか。新たな運動としての階級同盟(ネオ・ポピュリズム)形成の条件はすでに生まれている。新しい運動はなによりも新自由主義のエゴイズムにたいして社会性や連帯性を回復することにその存在意義がある[López 1992: 231–233]。

参考文献

アンダーソン、ベネディクト、白石さや・白石隆訳『想像の共同体』ＮＴＴ出版、二〇〇〇年。

岩崎正洋他編『グローバリゼーションの現在』一芸社、二〇〇〇年。

上谷博、石黒馨編『ラテンアメリカが語る近代』世界思想社、一九九八年。

ウォーラーステイン、イマニュエル、山田鋭夫他訳『ワールド・エコノミー』藤原書店、一九九一年。

川北稔編『ウォーラーステイン』講談社、二〇〇一年。

斉藤日出治『国家を越える市民社会』現代企画室、一九九八年。

清水透編『ラテンアメリカ――統合圧力と拡散のエネルギー』（〈南〉から見た世界 5）、大月書店、一九九九年。

西川長夫、原毅彦編『ラテンアメリカからの問いかけ』人文書院、二〇〇〇年。

本多健吉『世界経済システムと南北関係』新評論、二〇〇一年。

増田義郎編『ラテン・アメリカ史 Ⅱ 南アメリカ』（新版世界各国史 26）山川出版社、二〇〇〇年。

望月幸男、碓井敏正編『グローバリゼーションと市民社会』文理閣、二〇〇〇年。

ラス・カサス、バルトロメー、石原保徳訳『インディアスの破壊を弾劾する簡略な陳述』現代企画室、一九九二年。

Gwynne, Robert N. and Cristóbal Kay (eds.), *Latin America Transformed: Globalization and Modernity*, London and New York, Oxford University Press, 1999.

Karl, Terry Lynn, “Dilenmes of Democratization in Latin America”, in Roderic Ai Camp (ed.), *Democracy in Latin America*, Wilmington, U.S., A Scholarly Resources Inc., 1996.

López J., Sinesio, “Fujimori y crisis de la civilización del siglo XX”, en Juan Abugattas, Rolando Ames y Sinesio López (eds.), *Desde el límite: Perú, reflexiones en el umbral de una nueva época*, Lima, Instituto Democracia y Socialismo,

1992.
Matos Mar, José, *Desborde popular y crisis del Estado*, Lima, CONCYTEC, 1988.

植民地国家の正当性

イギリス・インド帝国の場合

小谷汪之

植民地国家というものは、その語義からしても、正統性をもちえないものである。しかし、植民地国家といえども国家であるからには、自己の統治の正当性を主張しないわけにはいかない。しかも、そのようなものとしての植民地国家の正当性は「文明化の使命」「白人の重荷」といった空虚なイデオロギーのみに根拠をおくことができるものではなく、なんらかのかたちで被支配者の同意をとりつけうるようなものでなくてはならない。

それでは、世界史上もっとも典型的な植民地国家といってもよいイギリス・インド帝国の場合、自らの植民地統治の正当性の根拠をなにに求めたのであろうか。イギリスがそのインド支配の正当性をはじめて根底的に問われたのは、一八五七年、インド大反乱(セポイの反乱)に際会してであった。インド大反乱がインドの広範な階層の人々のイギリス東インド会社統治(Company Raj)への異議申し立てであった以上、東インド会社にかわってインドを直接に支配することになったイギリスは、自らの統治の正当性をインド人に示す義務を負った。そのために出されたのが一八五八年十一月一日のヴィクトリア女帝の宣言であった。ヴィクトリア女帝の宣言の骨子は、⑴インド人の土地にたいする諸権利など既得権益の擁護、⑵すべての臣民の信仰と宗教的実践・慣習(the religious belief or worship of any of our subjects)への不干渉、⑶法の制定・運用におけるインドの旧来の諸権利・諸慣行(the ancient rights, usages and customs of India)の尊重であった[Char 1983: 299–300, 山崎 2000: 386–389]。インド人の旧来の諸権利を擁護し、古くからの慣行や慣習を尊重するということはインド人の形成してきたさまざまな社会関係をそのまま維持するということであった。そして、キリスト教の押し付けを恐れるインド人にたいして、人々の多様な宗教的実践や信仰にたいしてはいっさい干渉したり、制約を加えたりしないこと、さらには、官吏の任用において宗教的な差別はおこなわないことを宣言したのである。このようにしてインドにおける国家と社会の秩序を維持すること、そこにイギリスは自らのインド支配の正当性の根拠を求め、被支配者たるインド人の側の同意をもとりつけようとしたのである。一八七七年、ヴィクトリア女帝がイギリス・インド帝国皇帝を兼ねることによってイギリス・インド帝国が成立したときに出された宣言もこの線に沿ったものであった。

しかし、一八八〇年代ともなれば、もはやそれだけではインド人の同意をつなぎ止めることは難しくなっていた。インド人の側が統治への参加を強く求めるようになってきたからである。逆にイギリス・インド帝国の側からいえば、自らのインド統治がインド人全体を代表していることを示さなければならなくなってきたのである。こうして、インド人を代表する国家として自らをいかに構成するか、それがイギリスによるインド統治の課題となったのである。問題はその方法であった。

立法参事会へのインド人の参加

インド大反乱後のイギリス統治がインド人を代表しているということを示すための法的手段としてとられたのがインド参事会法（Indian Councils Act）の制定であった。参事会には行政参事会と立法参事会とがあり、ここで問題となるのは立法参事会（Legislative Council）のほうである。この時代、立法参事会には、インド総督の立法参事会（中央立法参事会）のほかに、マドラス、ボンベイ両管区（知事州）の立法参事会やベンガル州や連合州、パンジャーブ州のような準知事州の立法参事会があった。立法参事会は、もともとは、ベンガル、マドラス、ボンベイの三管区の知事のための助言機関のようなものであり、それぞれの参事の数もきわめて少数であった。植民地支配領域の拡大とともに、それがしだいに準知事州にも拡大されていったのであるが、インド大反乱後の行政・司法改革の一環として、一八六一年、インド参事会法が制定された。この法律によって各立法参事会の官界メンバー以外の参事（追加メンバー）の数が増やされ、マドラス、ボンベイ両管区の立法参事会には独自の立法権が回復された（一八三三年の東インド会社特許状法によって、両管区は立法権を剝奪されていた）。しかし、この法律によって、それぞれの立法参事会に追加メンバー（民間メンバー）として加わったインド人の数は数名程度であった［Banerjee 1978: 157–177］。

一八八〇年代になると、このような状況にたいするインド人の不満が大きくなってきた。一八八五年、ボンベイで第一回インド国民会議（Indian National Congress）が開催され、一〇〇人を超えるインド人の代表が集まった。この会議はその後毎年開催され、しだいに恒常的な機構をもつようになっていった。のちにインド国民会議派（Indian National Congress）と呼ばれるようになる政党的組織が形成されていったのである。インド国民会議派の人々は、行政、司法などさまざまな分野におけるインド人の参加を要求しつづけたのであるが、とくに各立法参事会により多くのインド人民間メンバーを加えることを強く要求した。イギリス側もこれにある程度応えざるをえなくなり、一八九二年、インド参事会法の改定がおこなわれた。

この改定の主眼目はなんらかのかたちでより多くのインド人の代表を各立法参事会の民間メンバーとすることによって、イギリスのインド統治がインド人を代表しているということを示すことにあった。ただその際、インド人には自治能力が十分ではなく、したがって、インド人の代表を自ら選ぶことは未だ無理であるということが前提とされていた。それで、大学、商工会議所、地主団体など、イギリス型のいわば社団にはその代表を推薦《すいせん》させ、そのなかから総督あるいは知事が参事を任命するというかたちをとったが、その他の社会集団にかんしては、総督あるいは知事が直接にその代表を任命するという制度にした。こうして、各立法参事会のインド人民間メンバーが増員されることになったのであるが、その数は全参事数の半数を超えることがないようになっていた。インド人の参事はあくまでも補助的な存在にとどめられていたのである[Banerjee 1978: 305–309]。

このような状況に大きな質的転換をもたらしたのは、インド国民会議派が中心となって展開されたベンガル分割反対運動であった。一九〇五年、インド政庁は行政上の理由から、ベンガル州を東西に分割して、ベンガル州、東ベンガル・アッサム州の二つの州をおくと発表した。これにたいして、インド人の側は、これをヒンドゥー多住地域(ベンガル州)とムスリム多住地域(東ベンガル・アッサム州)に分割する、分割統治政策であるとして強く反発した。しかし、このベンガル分割反対運動の盛り上がりを恐れたのはイギリス側だけではなかった。インド・ムスリムの指導者たちも、この反対運動の担い手が主としてヒンドゥーであり、この運動をとおしてヒンドゥーの勢力が強化されることに恐れをいだいていた。一九〇六年十月一日、アーガー・ハーンらインド・ムスリムの代表者たちは、シムラに時のインド総督ミントーを訪ね、彼らの要求を記した請願書(アドレス)を提出した。この請願書のなかで、彼らはインド・ムスリムの立場をこう述べている。

われわれが多くの重要な利害をヒンドゥーの同胞とともにしていることは事実である。……しかし、われわれムスリムが別個のコミュニティであり、(ヒンドゥーなどの)他の諸コミュニティとは共有しえない、われわれの特別の利害をもっていること、そして、われわれの特別な利害が、われわれに適切な代表権が与えられてこなかった(they have not been adequately represented)ために、今まで損害を受けてきたこと、これらのことは否定できません[Shan Muhammad 1980: 195]。

ここには二つの重要な点が含まれている。第一には、インド・ムスリムを一つの独自のコミュニティ(宗教共同体)ととらえている点である。それは必然的にヒンドゥーを別個の一コミュニティをなすものととらえることであり、インド社会をそのような諸コミュニティから構成される複合的社会ととらえることを意味した(そこから「コミュニティの」という意味をあらわす形容詞としてコミュナルという言葉が用いられるようになった。たとえば、コミュナル問題とか、コミュナル紛争といったようにである)。第二には、このようなものとしてのインド・ムスリム・コミュニティは各立法参事会、官職、司法職、地方自治組織(Municipal Board, District Board)などにおいて人口あるいはその影響力に見合った代表権を認められていないという主張である。彼らは、ヒンドゥーに比べて自分たちは不当に軽視されている、と感じていたのである。なかでも、各立法参事会にインド・ムスリムが十分な代表を送っていないということが自分たちの立場をきわめて弱いものにしていると彼らは考えた。それで、彼らは、各立法参事会の参事のうち一定数をあらかじめムスリムに割当てることを要求したのである。その際、「インドの人々はヨーロッパ的な形態の選挙制度に慣れていない」という理由で、ヨーロッパ諸国のように個人の自由な選挙によらず、コミュニティ単位で参事を選出することを主張した。

このインド・ムスリム指導者たちの主張にたいして、総督ミントーは賛意を表明し、「インドの大部分の人々は代議制度について何の知識ももっていない」と述べたうえで、次のようにいっている。

私は貴殿らと同様に、次のことを固く確信している。すなわち、この(インド亜)大陸の住民を構成している諸コミュニティの信仰および伝統を無視して、個々の人間に選挙権を賦与することを目的とするような選挙制度は、インドにおいては、有害な失敗に終わることを運命づけられている、ということを[Shan Muhammad 1980: 201]。

インド・ムスリムは、この請願の約三カ月後、一九〇六年十二月三十日、ダッカで全インド・ムスリム連盟(All India Muslim League)を結成し、インド国民会議派に対抗して、いっそう強くインド政庁に働きかけはじめた。それで、そのころインド参事会法の再改定にとりかかっていたミントーは、このような全インド・ムスリム連盟の主張を考慮にいれて改定しようとした。表1はそのためにインド政庁が用意した各立法参事会におけるムスリム割当参事数の案である。この案が実施されたならば、インド・ムスリムは最低でも表1中の人数の参事だけは確保できるということになる。

こうして、この時点で、今までにはなかった代表権の基準、すなわち、旧来の社団単位ではないコミュ

表1　ムスリム割当参事数のインド政府案（1909年）

立法参事会	選出参事の人数	ムスリムに割当てられる参事の数
総督の立法参事会	28	6
ボンベイ管区	21	4
ベンガル州	26	4
東ベンガル・アッサム州	19	4
マドラス管区	20	2
連合州	21	4

［出典］ Shan Muhammad ed., *The Indian Muslims, A Documentary Record 1900–1947*, Vol. 2, Aligarh and New Delhi, 1980, p. 179.

表2　ラクナウ協定（1916年）における参事の配分

立法参事会	選出インド人参事中のムスリム参事の比率
総督の立法参事会	$33\frac{1}{3}$%
パンジャーブ州	50
連合州	30
ベンガル州*	40
ビハール・オリッサ州*	25
中央州	15
マドラス管区	15
ボンベイ管区	$33\frac{1}{3}$

＊ ベンガル分割は1911年取り消され，ベンガル州，東ベンガル・アッサム州はベンガル州とビハール・オリッサ州に編制替えされた。

［出典］ Shan Muhammad ed., *The Indian Muslims, A Documentary Record 1900–1947,* Vol. 4, Aligarh and New Delhi, 1981, pp. 306–307.

ニティ(宗教共同体)単位の代表権という基準が採用されようとしていたのである。このインド参事会法改定はいわゆるモーレ・ミントー改革(一九〇九年)の主要な部分を構成したのであるが、結局、ムスリム割当参事数を改定インド参事会法のなかに規定することはなされず、各管区・州ごとにムスリム代表選出の方法を定めることになった。こうして、コミュニティ単位の代表権は法自体のなかには導入されなかったのであるが、実際には、管区・州ごとにそれぞれのかたちで導入されたのである。このことはその後のインド政治に大きな影響を及ぼすこととなった。インド・ムスリムのみならず、他のコミュニティや社会集団がそれぞれに代表権を求めて動きはじめたからである。

代表権をめぐるインド人間の抗争

一九一〇年代になると、インド国民会議派と全インド・ムスリム連盟とのあいだの抗争はいっそう激しくなったが、第一次世界大戦の勃発が状況に変化をもたらした。イギリスはインドからの戦争協力の見返りとして、戦後に大幅な自治を賦与することを約束したのである。それで、インドの側では、賦与されるべき自治をどういうかたちで受容するかということが問題となった。この問題をめぐるインド国民会議派と全インド・ムスリム連盟の「妥協」としてよく知られているのがラクナウ協定(一九一六年)である。このラクナウ協定の内容は、徹頭徹尾、各立法参事会における参事をヒンドゥーとムスリムのあいだでどう分け合うかという問題であって、ほかの問題はいっさいふれられていない。表2はその内容をまとめたものである。みられるように、ムスリム人口の多いパンジャーブ州では五〇%をムスリムに割当てるといっ

選挙区				特別選挙区		
シク	A.I.	I.C.	E.	地主	大学	商工業
0	1	5	1	6	1	6
0	0	0	2	3	1	7
0	2	0	5	5	2	15
0	0	0	1	6	1	3
12	0	0	0	4	1	2
0	0	0	1	5	1	3
0	0	0	0	3	1	3
0	0	0	0	0	0	6
12	3	5	10	32	8	45

『マハーラーシュトラ』第７号，2001年，

たように、州ごとのムスリム人口比に応じて、割当比率を取り決めたのがラクナウ協定だったのである。

このように、インド人の側においても、インド人内部の利害の対立や抗争を調整する方法としては、なによりも、各立法参事会参事の数の分配という方法がとられた。それは、立法参事会における代表権こそが各コミュニティの立場を象徴していると、インド人の側でも、受け取られていたからである。

第一次世界大戦終了後の一九一九年、大戦中にインド人に約束した自治を実現するためにインド統治法の改定がおこなわれた。これはインド人の期待からは程遠い内容のもので、インド人を憤激させたのであるが、よかれあしかれともかくも今までにはない性格の統治法であった。この改定インド統治法の眼目は、州(この段階では、マドラス、ボンベイ両管区も州と呼ばれるようになっていた)レヴェルにおける自治の導入を目的として、各州立法参事会の参事を増員し、選挙による参事(民間メンバー)の選出を拡大した点にあった。しかし、問題はその選挙制度にあった。表3は一九一九年インド統治法による参事の配分数を示したものであるが、そこにはこの選挙制度の問題点が明確にあらわれている。それは参事選出母体の設定の仕方の問題で、ここには基準の異なるいくつかの選出母体が含まれている。まず、旧来どおり大学、商工業団体、地主団体といった社団型の選出母体があり、今回新たに労

表3　1919年インド統治法における立法参事会参事の割当数

州	合計	行政参事会員と指名代表	特別階級と権益の指名代表					一般			
			D.C.	A.I.	I.C.	労働組合	その他	非ムスリム		ムスリム	
								都市	地方	都市	地方
マドラス	132	23	10	0	0	0	1	9	56	2	11
ボンベイ	114	20	2	1	1	3	1	11	35	5	22
ベンガル	140	22	1	0	1	2	0	11	35	6	33
連合州	123	20	1	1	1	0	0	8	52	4	25
パンジャーブ	94	18	0	1	1	1	2	7	13	5	27
ビハール・オリッサ	103	18	2	1	1	1	4	6	42	3	15
中央州	73	11	4	1	0	1	1	9	32	1	6
アッサム	53	12	0	0	0	1	1	1	20	0	12
合　計	832	144	20	5	5	9	10	62	285	26	151

D.C. = Depressed Classes　A.I. = Anglo-Indian　I.C. = Indian Christian　E. = European
［出典］ *Simon Commission Report on India*, Vol. 1. pp. 144–145.
吉田幹子「アンベードカルとプーナ協定——被抑圧階級の留保議席制度の形成過程」32ページによる。

働団体がそれに付け加えられた。同時に、インド国民会議派と全インド・ムスリム連盟のあいだの妥協を受けたようなかたちで、ムスリム、非ムスリムというコミュナルな選出母体の設定がはじめておこなわれ、パンジャーブ州についてはさらにシク教徒のコミュニティにも参事の割当てがおこなわれた。それと連動するかたちで、アングロ・インディアン、インド人キリスト教徒、ヨーロッパ人といういかにも植民地国家らしい社会集団が独自の選出母体として認知され、それぞれに参事を割当てられている。

さらに、注目すべきことは、インド国制史上はじめて、「被抑圧諸階級」(Depressed Classes) という集団概念が導入され、参事選出母体とされたことである。被抑圧諸階級というのは、いわゆる不可触民を主としながら、それ以外に山間部族民をも含む概念で、社会的に抑圧され、経済的にも貧しい諸集団をさす法的用語として、このインド統治法においてはじめて用いられた。イギリス植民地支配下のいわゆるヒンドゥー法体系においては、『マヌ法典』などの古典の法典に則ってインド社会が理解されたために、インド社会はバラモン、クシャトリヤ、ヴァイシャ、シュードラという四つの種姓(ヴァルナ)のみから成るとみなされた。それで、不可触民という集団範疇《はんちゅう》は法的には存在しないものとされ、不可触民もシュードラの種姓に属するとされてきた。そのことは不可触民にたいする差別を弱める方向には作用せず、むしろ、不可触民差別を隠蔽し、そのまま温存する結果となっていた。法的には存在しないとみなされた社会集団にたいして、なんらかの特別な施策がおこなわれるということはありえなかったからである。

しかし、二十世紀ともなれば、不可触民自身の解放への運動も始まり、問題の所在が明確になってきていたから、インド政庁ももはや不可触民問題を無視することはできなくなった。それで、被抑圧諸階級という集団概念を導入して、各立法参事会に彼らの代表を加えることにしたのである。ただ、その代表はなんらかの選挙によって選ばれるのではなく、各州知事によって指名された。

このように、一九一九年インド統治法は各立法参事会の参事をさまざまな参事選出母体に割当てたのであるが、その選出母体を設定する基準は単一ではなかった。そこには、社団型の組織もあれば、コミュニティ(宗教共同体)といった「幻想的」共同体もあり、また不可触民といった階級的な範疇も存在した。それは、イギリスがインド人の側のさまざまな要求や動きを、すべて、この立法参事会という場に取り込み、参事の割振りという手段でそれらのあいだの利害の調整をしようとしたからである。そうすることによって植民地支配国家イギリスは、自らのインド統治がインド人全体を正当に代表しているということを表明しようとしたのである。

インド内部の諸集団や諸組織の利害対立を立法参事会の参事、より一般的にいえば議院における議席の割振りによって調整するという政治手段は、この後、インド政治の根幹をなすこととなった。それは、たんにイギリス側の植民地支配政策であったということではなく、ラクナウ協定にもみられるように、インド人自身の選びとった政治手段でもあった。その限りでは、両者のあいだに相違はなかったのである。インド独立にいたるその後の政治過程はそのことを疑いの余地なく示している。

一九一九年インド統治法は一〇年後に改定されることになっていたが、そのための調査を目的として、一九二七年、サイモン委員会が任命された。サイモン委員会は二度にわたってインドを訪れ、各地を巡回して、各界の意見を聴取した。その結果、一九三〇年にサイモン委員会報告書が発表されたが、その主たる内容は選挙の方法(一般選挙とするか各選出母体ごとの分離選挙とするかといった)と議席の割振りであった。

サイモン委員会報告書を受けて、一九三〇年から、三度にわたって英印円卓会議(Round Table Conference)がロンドンで開かれた。ガンディーも出席した第二次円卓会議(一九三一年)では、ガンディーと全インド・ムスリム連盟のジンナーとが対立しただけではなく、ガンディーと不可触民の代表アンベードカルも激しく対立した。ガンディーとアンベードカルのあいだの対立点は不可触民をヒンドゥーのうちに含めるかどうかということであったが、より具体的にいえば、不可触民をヒンドゥーという選挙母体に含めるか、不可触民だけ別の選挙母体を形成するかということであった。要するに、不可触民に自分たちだけで代表を選ぶ、分離選挙の権利を認めるかどうかという点での対立だったのである。ガンディーはムスリムには分離選挙の権利を認める用意があったが、不可触民にはそれをけっして認めようとしなかった。ここでも、不可触民がヒンドゥーかどうかということは、分離選挙権をもつかどうかということに一義的に収斂していったのである。

三度にわたる英印円卓会議が妥協点を見出せないまま終わると、時のイギリス首相マクドナルドは、一九三二年、いわゆるコミュナル裁定(Communal Award)を出して決着をはかった。このコミュナル裁定も各選挙母体ごとに配分する議席の数を定めようとしたものであった。ガンディーはコミュナル裁定に強く反発し、「死に至る断食」をもってそれに抗議するという声明を出した。それは、コミュナル裁定では不可触民に分離選挙の権利が認められていたからである。ガンディーは当時逮捕され、プーナ(プネー)のイェラヴダ刑務所に収容されていたが、九月二十日、実際に断食にはいった。断食でガンディーの身体が衰えていくなか、ヒンドゥーの指導者たちと不可触民指導者アンベードカルとのあいだで交渉が続けられ、結局、プーナ協定で妥協に達した。それは、不可触民に割当てる議席の数をコミュナル裁定よりも増やすかわりに、不可触民だけの分離選挙ではなく、ヒンドゥーとの合同選挙とするというものであった。死を賭けた争いも、結局は、議席の数と選挙方法の問題に帰着したのである。

このような過程をへて、一九三五年、新しいインド統治法が制定された。この新インド統治法は独立後のインドの国制にも大きな影響を及ぼした重要なものであったが、その眼目も、当然のように、各選挙母体ごとの議席の割当てであった。ただ、このインド統治法では、被抑圧諸階級という従来の集団概念にかわって、ほぼ不可触民に対応する「指定カースト」(Scheduled Castes)という範疇が導入された。このことがインド独立後の留保制度(Reservation)につながったことはよく知られている。独立インドの留保政策は、もともとは、「指定カースト」と独立後に新たに導入された「指定部族」(Scheduled Tribes)にたいして、各種議会の議席、官職、大学入学枠の一定部分を留保しておく制度であった。しかし、その後、州レヴェルでは留保制度の受益集団として「他の後進諸階級」(Other Backward Classes)や「女性」なども設定されるようになり、より複雑化した。この議席の留保政策の拡大をもたらした一つの要因は、植民地期以来の上述のような政治手段であるということができよう。

十九世紀末から二十世紀にはいると、インド人の側にさまざまな動きが始まり、さまざまな要求がイギリスにたいして出されるようになってきた。そのとき、イギリスの側では、それらの動きや要求をすべて、立法参事会といったある種の代議制機関のなかに取り込み、その議席をうまく割振ることによって、植民地支配体制のなかに位置づけようとした。そうすることによって、イギリス植民地支配がインド人全体の利害を代表していると主張することができると考えたからである。他方、インド人の側でも、インド人のあいだの利害の対立を議席の配分によって調整するという方法が、ほとんど唯一の政治手段と受け取られるようになっていった。一九三五年インド統治法への道はそのことをよく示している。しかし、このような政治手法は、同時に、インド人を諸集団、諸コミュニティに限りなく細分化していく危険性をはらんでおり、その影響は今日のインドにおける留保政策にまで及んでいる。

参考文献

山崎利男「イギリスのインド統治政策の再編成――一八五八～七二年」中央大学人文科学研究所研究叢書二三『アジア史における法と国家』二〇〇〇年、所収。

吉田幹子「アンベードカルとプーナ協定――被抑圧階級の留保議席制度の形成過程」『マハーラーシュトラ』第七号、二〇〇一年。

Banerjee, A. C., *The Constitutional History of India, Vol. II, 1857–1919*, Calcutta, 1978.

Char, S. V. Desika, *Readings in the Constitutional History of India 1757–1947*, Delhi, 1983.

Shan Muhammad (ed.), *The Indian Muslims, A Documentary Record 1900–1947*, Vol. 1, Aligarh and New Delhi, 1980.

終章 現代国家の正統性と危機
二十世紀ヨーロッパ史から

木村靖二

本書では現代国家とその正統性について、三つの事例を通して考えてきた。それらを時代順にみると、一つはヨーロッパ近代のなかから生まれて、現代国家に引き継がれている国民国家という統合システムであり、二つ目は国民国家とそれによって構成される国際社会を否定し、その対抗文明であることを自認して二十世紀という時代を規定してきたソ連国家とその崩壊の事例であり、第三に現代国家のもっとも特徴的な体現者とみなされるアメリカ合衆国である。つまり、ヨーロッパ近代の国家組織原理としての国民国家、その国民国家の地域性・民族性、さらに市場経済原理の克服を主張して七五年間存続し、二十一世紀を待たずに崩壊、消滅した社会主義国家、そして冷戦の勝利者として世界的ヘゲモニー国家の地位を得たアメリカ合衆国が体現する現代社会モデルの三方向から、現代国家のはらむ問題解明への手がかりを得ようとしたのである。

本章では、これらの事例のほかの地域からの指摘や示唆を踏まえて、これまでの議論を一歩進め、ヨーロッパでの現代国家とその正統性を、一九七〇年以降から現在までの展開や変容を視野に入れながら、今後の展望への手がかりを考えることにしたい。なおここではヨーロッパの範囲をさしあたりイギリス諸島からロシアまでの大陸部としておく。

1 諸国家の等級化から対等な国民国家群へ

二十世紀初頭のヨーロッパには大小一五、六ほどの国家が存在し、ほぼそれに見合う一四の通貨があり、一九一九年にはそれはそれぞれ二七程度に増加した。二十一世紀初めの時点での国家の数は約三〇になっているが、通貨の数は——それぞれの名称はこの間に変わっていても——一四、五に後退し、長期的にみてさらに減少する可能性が高い。いうまでもなく、それはヨーロッパ連合(EU)内の一二カ国がユーロという新しい共通通貨を導入し、それに加わる国が今後ふえると予想されるからである。二十世紀のあいだにヨーロッパに起こった国家と通貨の数の変動からも、この間に国家の性格や機能がいかに変容したか、国際社会の構成原理がいかに大きく転換したかがうかがえる。

主題にはいる前に、まず二十世紀のヨーロッパ諸国家の基本的な動向を、国際社会との関係を軸に簡単に振り返っておこう。

二十世紀初頭から第一次世界大戦勃発までの時期は、十九世紀後半に確立した帝国主義的列強体制が持続した時代であり、諸国家の国制はそれぞれの政治的内容にはかなり違いがあるが、基本的にはなお伝統的価値規範に正統性の根拠をおく君主制が支配的であった。一九一四年以前のヨーロッパの共和制国家は三国にすぎず、国民構成——国民国家か多民族国家か——は正統性の一義的な基準にはなっていなかった。国際社会も伝統・軍事力・経済力・国土面積・人口を総合した「国力」を基準とする「格」の相違によって、列強を頂点とするヒエラルヒーによって編成され、一等国、二等国といった露骨な国家の等級付けが当然のように語られていた。列強とは基本的にはなんらかの帝国構造を共通項としていた国家であり、イギリスやフランスのような植民地帝国かロシアやハプスブルク帝国のような多民族帝国、あるいはドイツのようにそれをめざすことを国策として掲げることができた工業・軍事大国であった。

第一次世界大戦後、ヨーロッパでは戦勝国となったイギリス・フランスの両植民地帝国をのぞき、ロシア、ハプスブルク、オスマンの三大多民族帝国は解体し、ヨーロッパ内では民族自決権が認められた。もっとも、当初それは自立を求める民族にただちに独立国家を認めることを意味していなかったし、国家的独立を認めた場合でも、その国家が当該民族だけで構成されるべきだという合意があったわけではなかった。戦後のパリ講和会議において、東欧地域に多数出現した新興民族国家を連邦制国家に組織しようとする構想が議論されていたことや、この構想が放棄されたのちには、新興独立国が事実上多民族国家構成になる現実を踏まえ、それらの国家に国内の少数民族保護を約束させた国際条約を認めさせたことは、民族自決権と民族国家建設との同一視、民族自決権のドグマ化がはらむ問題性や危険性が当時ある程度認識されていたことを示している。

いずれにせよ、大戦後ヨーロッパの国際社会は少なくとも理念的には国民(民族)国家によって構成されることになった。渡辺論文で述べられているように、国民国家の理念はフランス革命期に遡り、また第一次世界大戦前にいくつかの国民国家が存在していたが、それが国際社会の基本的構成単位と認定されたのはこの時代になってからであった。国際連盟はそうした国際社会の理念を前提にしてこそ成立しえたのである。したがって一九一八年から四五年の第二次世界大戦終結にいたる時期のヨーロッパこそ、国民国家のヨーロッパと規定できるのである。この場合、国民国家の正統性の根拠はおおよそ次の諸点にあった。まず国内では、国民主権にもとづき平等な公民である国民の合意による民主政治を実現する、そのもとで国民生活の向上をめざす社会の広範な近代化を実行する、一方、国際社会では他の諸国と対等な一員として諸国家間の共存共栄関係を可能にする平和秩序確立を担う、などである。しかし現実には、これらの理念的正統性の追求は、既存の近代国家の延長上に国民国家的性格を強める方向をとった西欧・北欧諸国でのみ可能であり、中欧や南欧の新興独立国家では被抑圧状態からの解放と国家的自立、すなわちナショナリズムの勝利が決定的な正統性の根拠に掲げられた。ともあれ、この時代の基調となった国民と国家の一体性・国家への帰属意識の強調は、国境を越えて移動する人々にたいする視線を大戦前と比べて格段に厳しいものにした。国境を越える人の移動が第一次大戦前ではもっぱら移民という枠組みでとらえられたが、大戦後は難民というカテゴリーでみることが多くなったのはその一例である。

国民国家の時代、すなわち両大戦間期に、国民国家が掲げた正統性の実現は、国内政治においても、また国際連盟を中心とした新しい国際平和秩序の確立においても、惨憺《さんたん》たる失敗に終わった。平等な国民という前提から出発した国家建設は、同質的な国民の創出という目標に読み替えられて、ドイツを含め東南欧新興諸国で排他的・人種主義的ナショナリズムを台頭させ、議会主義的民主制への不慣れからくる混乱は政治的多元性を否定し、政党を抑圧する軍事独裁やファシズムといった強権的な政治を生み出した。典型的な国民国家と目され新興独立国家のモデルともなったドイツ、イタリア、さらにアジアの日本は、軍事力を背景とする一国主義的行動によって自国の政治的・経済的自立を確保しようとして、ついに第二次世界大戦を引き起こし、敗北した。その際追求された同質的民族共同体としての国民国家建設は、ナチス・ドイツのユダヤ系・スラヴ系諸民族の大量殺害に象徴されるような蛮行に行き着いたのである。こうして国民国家の時代は国民国家への深刻な懐疑を抱かせて幕を閉じたのである。

この時期にヨーロッパでソ連国家が、あるいはそれが建前として掲げる理念が、現実のソ連国家や社会の実態とは無関係に、期待をもって注目され、少なからぬ支援者を集めたことは、国民国家の時代への失望の裏返しでもあった。こうした歴史的経験は現代国家への移行、その内容の形成に影響を与えた。

2　国民国家の修正

それにもかかわらず、大戦後ただちに国民国家が原理として否定され、まったく別の領域再編成原理への転換が始まったのではなかった。実際、ヨーロッパにおける国家の数や国境が第二次世界大戦後もほとんど変化していないことをみても、それは明らかである。このことの背景には、国民国家がはたしてきた重要な機能——工業化・近代化という普遍的、一般的な目標を分節化し、それぞれの領域の条件に合わせて浸透させるという機能——がつくりだした成果が大きな役割をはたしている。国民国家はその短い歴史にもかかわらず、近代化によって自己の領域をそれぞれの国民にとって不可欠な生存維持装置につくりかえ、さまざまな象徴の操作や教育をとおして国民のあいだにそれなりのアイデンティティを浸透させてきたからである。

しかも、世界的にみれば国民国家が増殖する流れは大戦後むしろ強まっている。一九五〇〜六〇年代のアジア・アフリカの植民地、従属地域での民族解放運動の台頭、その結果としての多くの独立国家の誕生は、基本的には国民国家の世界的な拡大にほかならなかった。国民国家モデルがヨーロッパ外で模倣され、受容されていく際にも、それが近代化・工業化促進装置としてもっとも有効だと見なされたことが重要な意味をもっていた。

つまり、国民国家への批判は、領域統合の枠組みとしてのそれに向けられたのではなく、その暴走を阻止できなかった国際体制のあり方、すなわち、国際体制が国民国家の平和的共存ではなく、先鋭化したナショナリズムを醸成しがちであったこと、その結果武力行使をともなう相互の激しい競合が支配するアナーキー状況に帰結したことや、国民国家が国内での民主的合意形成と人権の保障に失敗したこと、に向けられたのである。

国民国家と国際環境の激変――一国的行動主義の否定

こうしたことを受けて、また国民国家への懐疑的まなざしを意識して、西ヨーロッパのなかにも戦後それまでの国家のあり方を修正する動きがあらわれた。実際にはそれが具体的な形をとる前に、国際環境の激変という外からの圧力が修正への歩みを規定したが、こうした内発的な批判の流れはヨーロッパが米ソの客体として外からの圧力に押されるだけでなく、自ら能動的に対応し、ヨーロッパ共同体という独自の方向を模索する基盤となっている。

ところで、国民国家と国際秩序あるいは国際環境との相互規定的関係の重要性は、これまで必ずしも十分に認識されてこなかった。というのも国民国家はどちらかというと歴史的国際環境から切り離されて単独で考察されがちであったからである。いうまでもなく、一国史的考察自体、国民国家の主張に沿った歴史記述方法であり、そこには国民国家を国際社会との関連でとらえるという視点は弱かった。

幸いに本書の報告には、国民国家と国際環境を考えるための示唆が多く含まれている。たとえば、渡辺報告がそれである。氏はフランスを取り上げて、国民国家誕生の原点となったフランス革命から現代までの軌跡のなかで、平等な公民としての国民という正統性理念の追求とそのための国民の統合システムが、国内の異分子や非同調者、域外からの移民にたいして繰り返し同化と排除の回路を設定してきたことを指摘している。そうした回路の具体策としてあらわれる対外国人政策、移民政策のなかにみられるナショナリズムの暗流は、ナチス・ドイツと協力したヴィシー政府が実行した反ユダヤ主義などの人種主義政策としてあらわれていること、そのかぎりでヴィシー政府の政策もこれまでしばしばそう解釈されてきたような、必ずしもすべてナチスによる外部からの強要ではなったことが明らかにされている。

たしかに国民国家の正統性理念実現の試みが国民の同質化政策をとおして追求されてきたこと、それが国民の選別、排除、隔離、追放をともなうことはこれまでも指摘されてきた。しかし、後から振り返ってそのようにみえたとしても、国民国家はひとたび設立されれば後は自動的に国民の完全な同質化をめざして一方的に進む装置ではないし、国民国家の政治的・文化的機能エリートたちが一貫してそれを追及してきたと想定することも無理がある。言い換えれば、同質化政策がそのつどその目的の指標――母語、生活慣習、日常的振舞いなど――を微妙に入れ替えながら、長期にわたって持続されてきたのはなぜか、それを可能にしてきた動力源はどこにあったのか、という問いに答えられなければならないということである。おそらく、この問いは国民国家がなぜ最初にヨーロッパで出現したのか、というより大きな歴史的問題にも結びついている。地政学的な宿命論に陥らないよう注意が必要であるが、近代以降のヨーロッパ国際社会の独特の構造、すなわちユーラシア大陸の西端のきわめて狭い地域に多くの中小政治単位が相互に競合する、緊張をはらむ国際環境と、ヨーロッパ全体を長期に統合する覇権的国家の不在などが、この関連で改めて注目されてよいと思われる。

渡辺論文が扱っている外国人、外国人政策という主題は、こうした問いの重要性を裏付けている。フランス革命以来外国人とされて規制の対象となった集団が、時代とともに反革命派から外来の労働者へ、さらにユダヤ人に移り変わっていく過程は国民国家フランスの内発的理由だけから説明できるものではなく、むしろ国際社会との関係からとらえる必要があることを示唆しているからである。外国人政策は「経済と軍事的考慮」というベクトルがつねに作用する場だという氏の指摘は、この点を突いたものにほかならない。新井氏が示したオスマン帝国での事例でも、「西欧との抜き差しならぬ関係」がオスマン帝国を国民国家樹立へと向かわせているのである。

紀平論文の示す第二次大戦後のアメリカ合衆国の事例、対外的帝国化と国内の国民国家化が同時に進行して形成される二重国家性もまた、こうした側面を鋭く照射している。

国民国家と国際社会という枠からみれば、第二次世界大戦後はヨーロッパにとって過去との断絶を意味した。国際連合による新しい戦後国際秩序が機能する前に、現実のヨーロッパを覆ったのは米ソ対立によって引き起こされた冷戦・東西対立であり、それはヨーロッパがかつて経験したことのないまったく新しい国際状況であったからである。

ヨーロッパ諸国は東西両陣営のどちらに属していようとも、対外的な行動の自由は制約され、また国内統合の政治・経済システムもそれによって大きく規定された。しかし、西ヨーロッパでは西ドイツを含めた石炭鉄鋼共同体への準備交渉が比較的早くに開始されたことが示すように、近代主権国家の一変種である国民国家のもっとも重要な権利である対外的自由行動の余地に枠をはめて制限する環境は、国民国家の修正を進めるうえで好都合な環境でもあった。さらに、西欧植民地保有国家が植民地を放棄せざるをえなくなり、外にたいしてもった帝国主義的国家という性格から解放されたこともこの方向に有利になった。たしかに、各国の政治指導者や機能エリート層が、帝国主義的権力国家の理念やそれに規定された歴史像や思考様式から自由になるのにはかなりの時間が必要であったし、それらは表面的には過去のものになったかのようにみえても、いわば記憶の古層のなかにしまい込まれているだけで、状況によって再浮上しないわけではない。歴史家ミルウォードは西ヨーロッパ諸国の石炭鉄鋼共同体への歩みを国民国家の自己否定ではなく、国民国家の生き残り策と皮肉をこめて説明したが、ともあれそれは戦後の国民国家の特徴的な自己修正の一つであり、新たな正統性の根拠になっていくのである。

これにたいし、ソ連社会主義圏に包摂され、一括して東欧諸国と呼ばれるにいたった諸国では、時間の経過とともにソ連からの離脱、民族自主権の回復をめざすナショナリズムが強まり、むしろ国民国家への回帰傾向があらわになった。それは、中島氏の補論が指摘するように、東欧社会主義圏が実体としてロシア人が上位を占める帝国という性格と構造をもっていたことに起因している。実際、歴史家のなかにはソ連社会主義圏の崩壊をヨーロッパの最後の脱植民地主義の歩みとみる見解もある。つまり、国民国家の対外行動を制約する国際環境の存在はそれ自体として脱国民国家化を推進するとはかぎらず、その国際環境がどのような性格をもっていたかが大きな意味をもっているということである。

国内体制の修正——民主主義の飼い慣らしと福祉社会の拡充

国際社会の行動単位としての国民国家の変容と並んで、国内の民主主義の拡大、安定も、その重要性が過小評価されているが、大きな修正の一つである。

民主主義の拡大はもっとも明示的には第二次世界大戦末期からそれまで認めていなかったフランス、イタリアのなどでも女性参政権が導入され、ほぼ全ヨーロッパ諸国で定着したことにあらわれている。しかしおそらくもっとも重要な修正は、ある歴史家が巧みに評したように、民主主義を議会制民主主義という方向で徐々に「飼い慣らす(あるいは、手なずける)」ことに成功したことであろう。

第一次世界大戦後の各国の改革や革命運動をみれば明らかなように、議会制民主主義だけが民主主義の形態であるという主張はけっして自明なものではなかった。また、両大戦間期のヴァイマル・ドイツ、東南欧新興諸国の例をもちだすまでもなく、議会制民主主義もまたしばしば「暴走」し、機能不全に陥った。第二次世界大戦後、ソ連社会主義圏の人民民主主義はその実態が明らかになるにつれ、政治的選択肢としての「魅力」を早くに失ったが、それでも一九六〇年代末の学生運動の高揚が示すように、どのような民主主義がもっとも国民の意向を反映させるにふさわしいか、現代社会に適合的な民主主義は何かは、なお多くの議論を呼んでいた。議会に進出した多くの政党もまた、議会行動の作法や政策の選択肢を作成、提示する力を身につけなければならなかった。一九七〇年代以降になってようやく、複数政党参加の自由選挙による議会制民主主義が事実上唯一の政治統合制度であるとの合意が定着してきたのである。ヨーロッパの二十世紀を振り返ると、民主主義の発祥の地という形容がむなしく響くような、第一次世界大戦、第二次世界大戦、冷戦の三大戦がつづいた「戦争の世紀」であり、マゾワーのいう「暗黒大陸ヨーロッパ」という表現がけっして誇張でないことがわかる。ヨーロッパにおいてすら民主主義の内容が合意されたのはつい最近のことである、という事実は十分記憶にとどめておく必要がある。

しかし、民主主義が「飼い慣らされ」た理由はそれだけではない。前述の学生運動はその後さまざまな市民的連帯運動の呼び水になった。政治活動はもはや政党だけに収斂されるものではなく、環境保護、エコロジー、地域運動など多様なシングル・イッシュー的市民運動のネットワークが成長し、民主主義を下から補完する基盤が強化され、議会・政党の逸脱を監視する機構が整備されたことも、それに含まれる。ところで、民主主義の安定と並んで戦後国家の新たな正統性の支柱となったのは、福祉国家への歩みであった。周知のように、個々の福祉政策・社会政策の導入自体はけっして最近のことではない。すでに一八八〇年代のドイツ第二帝政下でビスマルクによって対労働者向けの施策が実施されたことはよく知られているし、また第一次世界大戦が総力戦となって、銃後社会を支える多様な福祉政策が参戦各国で採用されたため、大戦期が福祉国家の原点となったという見解は定説化している。また、社会国家の法的骨格はヴァイマル共和国憲法によって提示されていた。

この歴史的背景から読みとれるように、福祉政策導入は必ずしも民主的政治体制と結びついているものではない。ビスマルクの社会政策導入の動機には、社会主義的労働運動を抑えたいという反民主的期待とパターナリズム的労働者観があったし、中島氏もソ連の福祉政策の拡大を「福祉国家的権威主義」という概念で説明している。したがってすでに第二次世界大戦前に始まっていたスウェーデン・モデルが戦後注目を集めたのは、福祉政策の内容と範囲を国民自ら決定できる民主的福祉国家であったからにほかならない。戦後の労働党政府下のイギリスの福祉政策への高い評価も、同じ理由からであり、福祉国家という言葉自体、一九五〇年当時の首相、労働党のアトリーが示したことに始まるといわれている。アメリカの歴史家ジャクソンが強調するように(彼自身は市民的福祉国家という言葉で説明しているが)、民主主義と福祉という組み合わせにこそ意味があるのである。

社会政策・福祉政策の目的は広義には国民の生存権の保証であるが、同時にそれが個々の国民の規律化や国民生活への干渉につながる性格をもっていることは早くから指摘されていた。福祉国家・社会国家は国家へのさらなる権限集中をもたらし、介入(社会・国民生活への)国家・干渉国家の性格を強める危険があると警告されるのも、そうした側面への注視のゆえである。それが場合によっては生存権の否定というまったく逆の方向にいく可能性をもつことは、ナチス・ドイツの福祉受給者の人種主義的・イデオロギー的選抜や、スウェーデンなど福祉先進国で実行されていた心身障害者の不妊化策の事例が示している。そうした側面は戦後の福祉国家からまったく払拭されたわけではないが、総体的にみれば福祉国家は福祉政策の担い手を地方自治体や民間団体にひろげて基盤を拡大するなどの対応で、一方的な国家の肥大化、中央集権化に歯止めをかけてきたといえる。

民主主義と福祉社会が進展したことの一般的背景として、やはりソ連国家の存在をあげなければならない。石井報告が述べているように、ソ連国家が対抗文明というレトリックを日々さまざまな形で再生産するという綱渡り的演劇性に依拠していたとしても、むしろそれゆえにそのレトリックは特定の国家から離れて、優れて普遍的な意味を持ち得ていたというべきであろう。実際、ソ連国家の掲げる大義と現実のソ連との乖離《かいり》は早くから明らかになっていたにもかかわらず、その市場経済批判、西欧近代批判はかなり遅くまで、おそらく一九七〇年代初めまで、欧米社会にあるインパクトを与えていたのである。

なお付言しておけば、ソ連社会主義圏の崩壊の衝撃、とりわけ崩壊後のナショナリズムの蔓延などへの失望から、ロシア革命以来のソ連がもった意味やインパクトを過小評価したり、無視しようとする傾向がある。ダン・ディナーはこれを「ソ連の歴史を括弧に入れる」といううがった表現で指摘しているが、現代国家の評価はソ連という存在を抜きには考えられないのであり、バランスのとれた冷静な視線でソ連をみつめる必要を強調しておきたい。

「栄光の三〇年」――市場経済の躍進

戦後の国民国家の内外にわたる修正と変容をもっとも基底的なところで支えたのは、歴史的に例をみない長期の経済成長の持続であった。その時期区分(一九五〇年から一九七〇年の二〇年間とするものや、一九四五年から七五年までの三〇年間とする見解もある)や性格規定――「黄金時代」(ホブズボーム)、「奇跡の成長」(マゾワー)、「栄光の三〇年」(ヴァイン)――は歴史家のあいだでさまざまだが、基本的な部分では大きな相違はない。第一次世界大戦直前から一九五〇年までの経済成長率がほぼ一%なのにたいし、その後の二〇年間は四%であったこと一つをとっても、この時期の経済成長の歴史的特異性は明瞭である。両大戦間期のヨーロッパ各国資本主義は、ファシズムのそれを含めて、「低賃金資本主義」であり、ソ連の社会主義経済もまた同様に低賃金社会主義にとどまっていたし、戦争直後はむしろ不況の再来が予想されていただけに、この持続的経済成長はまさに「奇跡」と受け取られたのである。

なお、この時期のソ連・東欧社会主義圏の経済成長率も比較的高かったことは指摘しておかなければならないが、大戦による国土や経済構造の破壊が小さかった西欧諸国では戦前の基盤に立って再出発できたのにたいし、ソ連・東欧諸国は戦争による大規模な破壊やナチス・ドイツによる徹底した収奪による荒廃の整理から始めなければならなかった。そのためソ連では原素材工業の量的拡大が優先されて、消費財生産が立ち後れ、また質的改善、技術革新も進まなかった。西欧諸国の基本エネルギー源がこの間石炭から石油・天然ガスへと移行したため、政策的に残された少数の炭坑をのぞいて炭鉱業が過去のものとなったのにたいし、社会主義圏では石炭がその後もエネルギー源の重要部門を占めた事実は、成長率でははかれない両者の質的格差を物語っている。

経済成長という用語が登場するのは一九五〇年代半ばのことであるが、持続的経済成長のための市場介入は各国政府のもっとも重要な課題となり、国家の正統性の不可欠の要素となった。福祉国家は国家による富の再配分によって社会の安定をはかる装置にほかならないが、閉ざされた国民国家という枠のなかでは、再配分はゼロサム・ゲームとして理解されがちで、それゆえにたとえばヴァイマル・ドイツでは福祉政策をめぐって労使間や生産者間など社会集団間で激しい対立を引き起こした。しかし、第二次世界大戦後の西欧諸国では配分のパイそのものが恒常的に拡大したため、国内の政治・社会対立も儀式化された労使交渉や協議によって平和的に解決されたのである。

とはいえ、経済成長は国民国家にとって両義的作用をもっていた。経済成長は国民経済の上昇と繁栄、福祉国家の財源確保をとおして一面では国民国家の正統性を強め、その持続に有利な環境となったが、他方ではそれへ各国の経済構造や代表的な企業の脱国民国家化、国際化(ヨーロッパ化)を促した。五〇年代後半から高まったフランス、ドイツなどの外国人労働力の導入あるいは流入による国内労働力の多民族化、大企業の多国籍化はその具体的現れである。

3　修正国民国家の変容

大戦の結果生じた、あるいはそれを踏まえておこなわれた国民国家の内外の変化と修正、高度経済成長は、一九五〇年代から六〇年代にかけて西欧諸国の政治・社会を大きく変容させた。それを今かりに修正国民国家と呼んでおく。これを現代国家と読み替えることも可能であるが、ヨーロッパという場で考えれば、やはり一九七〇年代前半を現代国家への移行の節目とするのがよいように思われる。まず、修正国民国家をなお支えてきた重要な要素の変位ぶりを重要な分野に絞って確認しておこう。

国家の脱暴力化・脱神話化

一九七〇年代前半を転換点と見る理由の一つは、対抗文明モデルとしてのソ連の脱落である。すでに述べたように、ソ連の理念はこのころにはだいぶ色あせていたが、ブレジネフ時代の停滞性や保守性が明らかになり、またこれまでの労働集約的な重厚長大型工業部門の時期から付加価値を重視する軽薄短小型の電子産業への転換が進むにつれ、それに乗り遅れたソ連は、もはやヨーロッパにとって競争相手としてのインパクトをもたない、たんなる旧式の工業社会にすぎなくなった。皮肉にも平和共存路線の定着、分断国家東・西ドイツ間の国交正常化による緊張緩和は、なお残っていた軍事的脅威・仮想敵としてのソ連社会主義圏の意味をも低下させた。ソ連という外敵を引き合いに出して、国家の安全保障機能を正統性の根拠に国民の忠誠を調達してきた西欧諸国はそのより所を失った。それだけが理由とはいえないが、ヨーロッパ諸国の脱軍事化はこれ以降顕著になり、ソ連社会主義圏が消滅した九〇年代にはその傾向はいっそう進行した。長年兵役を国民の神聖な義務とみなしてきたフランスですら一九九六年義務兵役制の停止を認めるにいたったし、なお義務兵役制を維持している国でも兵役年限の短縮や軽減が実行されている。

国民国家は成立以来、国民に生命・財産を要求できる至高の存在として自らを価値づけ、そして実際それを実行してきた。したがって義務兵役制は国民国家のもっとも本質的な属性であるといってもさしつかえない。それを放棄ないし大幅に制限することは、国民国家の変質であり、もはや修正版という限定を付しても国民国家の概念で説明することが困難な新しい国家、すなわち現代国家と呼ぶべきものに転換した一つの証左とみることができる。ヴァイネンが指摘するように、国家の脱暴力化傾向は死刑廃止の拡大（ECは一九八三年に死刑廃止勧告を決議している）などにもあらわれているし、「闘争」「対決」「政敵」といった疑似軍事用語が政治議論やスローガンのなかで登場する度合いは急速に減っている。国民に死を要求できなくなった、あるいは死を要求する必要がなくなった国家は、市民の忠誠を独占する地位も主張できなくなったし、それを正統化する「神話」も必要としなくなった。国家の脱神話化は近年多くの国で進んでおり、中野氏の補論にあるようなフランスにおけるレジスタンス神話の解体などの歴史の見直しは、その典型的な例といえよう。

ヨーロッパ連合の進展や自国政府の政策への現状批判的抗議運動、とりわけネオファシズム、新ナショナリズム運動も、その主張をみると自国の歴史的過去を引き合いに出すような復古的イデオロギーは少なく、組織的にも一国内にとどまらず国境を越えて結ぼうとする傾向がある。かつてムッソリーニが「ファシズムは輸出せず」(つまり、イタリア独自のものだ)と語り、ナチス・ドイツが非ドイツ人のナチズムへの帰依を期待しなかった(ナチズムはドイツ民族特有の思想だという理由で)ありようと比較してみると、そこにも国民国家と現代国家の位相の相違をみることができる。

領域性の後退と相互の文化的・社会的共通性の増大

ヨーロッパ経済共同体からヨーロッパ共同体、さらにヨーロッパ連合へという西ヨーロッパ諸国の統合過程についてはここでは立ち入らない。重要な点はこの過程が個々の参加国の主権を縮減させたばかりか、国民国家の領域性を浸食したことである。それはたんにヒト・モノ・カネ・サーヴィスが国境を自由に移動できることだけにつきるものではない。たとえば現在ドイツ連邦議会やフランス議会で扱う立法議題の六〇%は、すでにヨーロッパ連合のブリュッセル委員会関係の法案になっている。領域性の低下の結果、国内と国外の区別は急速にその意味を低下させつつあることがここにあらわれている。国民国家が自己の領域を囲い込み、域内で近代化を実現してその価値を高めることを最高の課題としてきたこと、国民国家の時代において、領域は大部分の国民にとって所与の運命であり、生死に直結していたことを振り返れば、これもまた驚くべき変容であるといわなければならない。

国境の低減を可能にしたのは、「黄金の三〇年」後も成長率こそ緩慢になったもののなお拡大する経済力の結果進行する現代化と、そのもとでつくりだされる現代社会である。とりわけ、旧ヨーロッパ共同体を構成する西ヨーロッパ諸国の現代的経済・社会構造は相互にますます接近して、同質化の度合いを高めてきた。個々にみれば製造業へのこだわりがあるドイツ、農業色を比較的残しているフランスなど、以前からある独自の傾向もみられるが、大地に関わる産業――農業、鉱業など――の後退、情報・事務管理・サーヴィス産業などのいっそうの拡張は共通していて、大都市文化もそれぞれの地域言語を無視すれば内容的にはきわめて強い類似性がある。産業構造の転換によって伝統的な労働運動は大きく縮小し、一九八〇年代初めには労働運動史研究者が「労働者」は今どこにいるのか、という問いを発するまでになった。一国的な視点から重視され歴史の中心的分析概念であった「階級」は、現在では限定的な歴史的概念の一つになろうとしている。

地域の個性を表現するとされていた独自の文化(地域言語、祭りや風俗、衣食住の習慣などだが、それ自体国民国家の成立とともに近代になって創造されたものが多いことには留意が必要である)は急速に日常生活から消え、特別な保護のもとにいわば化石化された観光資源としてのみ残されているものが少なくない。また言語にかんしても、近年英語という新たな共通語(第二公用語)が生まれている。ブリュッセルのEU委員会の文書用語として長年第一位の地位にあったフランス語は、最近その地位を英語に譲り渡して第二位に後退した。近世までエリートや知識人の共通語であったラテン語と違って、英語はビジネス用語であることもあって一般市民にも急速に浸透し、とりわけ四十歳代以下の高学歴世代では母語と英語のバイリンガルはごく当たり前の、あるいは職業生活上不可欠の基礎的素養となっているし、各国の言語にはパソコンやインターネットの普及とともに多くの英語からの語彙が増加している。言語が地域文化、国民文化にもつ中心的役割を考慮すれば、日常生活の次元にまで母語以外の言語が使われるということによる当該文化への波及効果はけっして小さくはないはずである。このことがどのような結果をもたらすかはまだ不明だが、国民国家と対になって理解されていた国民文化、あるいはそれぞれの「文化的個性」もまた、急速に変容過程のなかにはいっていることはまちがいない。

4　現代国家の正統性

ヨーロッパの修正国民国家は二十世紀末は、領域性を弱め、国民経済・国民文化の枠組みを崩し、神話なき国家の方向に向かいつつある。この過程は国民国家を批判する側からは国家の後退、あるいは解体と歓迎され、国民国家に固執する側からはまさにそれゆえに民族存続の危機あるいは主権国家の危機と指弾されたが、両者とも歴史的生成物としての国民国家という基本的事実を無視し、国民国家を国家一般と短絡的に同一視する点で問題がある。

脱国民国家は国家の消滅ではなく、新たな現代国家の形成へと向かっているとみるべきなのである。しかし、いうまでもなくこの間に正統性の根拠は大きく変わってきた。EUの進展、ソ連の消滅によって、国家主権の擁護、外敵からの国家の防衛といった大文字のナショナルな政治的正統性(主権国家的正統性)がその重要性を大きく減じたのはその現れの一つである。一方、新しい正統性は何かを確認することは難しい。たとえば、ドイツの歴史家ヴェーラーは、人権・安全の保障や擁護、市民の自主活動の支援などの法治国家的課題、市場経済の社会的統制と社会政策の整備といった福祉国家的機能とその遂行が現代国家の正統性の根拠となるべきであり、またなっていると主張しているが、ここにあげられた正統性はとくに目新しいものではない。おそらく、それらが国際的対立や国家的利害のコンテクストから切り離され、それ自体としての価値から説明されるようになったこと、換言すれば正統性は市民社会のなかに埋め込まれたものでなければならないという認識が定着したことこそ、新しい点と見なすべきなのかもしれない。

なお、大文字の政治的正統性の後退から、現代国家の権限の弱体化が指摘されることがあるが、これは必ずしもあたらない。たとえば、個別国家の統制から逃れるものとしてしばしばあげられる多国籍企業にたいしても、現代国家は環境保護・資源節約を理由にきわめて強力な規制を課すことができる。最終的な結果についてはまだ不明なところがあるものの、スウェーデンやドイツにおける原発廃棄方針などは、従来とは別の意味で国家が強力な規制力を発揮している例と考えることができよう。

現代国家の正統性は形成過程にあり、その方向性も確定しているとはいえない。本書で試みたのは、それを探る前提的作業、すなわちこれまでの国民国家・修正国民国家の正統性の根拠を確認し、それと対比して現代国家の正統性の位置をはかる歴史的考察なのである。

参考文献

遠藤乾「ポストナショナリズムにおける正統化の問題」日本政治学会編『三つのデモクラシー』岩波書店、二〇〇二年。

木村靖二「国民国家をこえる」『地域への展望』（地域の世界史 12）山川出版社、二〇〇〇年。
広渡清吾「「市民・市民社会」と「国民・国民国家」」『市民法学の課題と展望』日本評論社、二〇〇〇年。
エリック・ホブズボーム、河合秀和訳『二十世紀の時代――極端の時代』上・下　三省堂、一九九六年。
Buchanan, Tom and Martin Conway, "The Politics of Democracy in Twentieth–Century Europe: Intruduction", *European History Quaterly* 32–1(2002).
Conquest, Robert, *Reflections on a Ravaged Century*, Norton & Company, 2000.
Diner, Dan, *Das Jahrhundert verstehen : Eine universalhistorische Deutung*, Luchterhand, 1999.
Fulbrook, Mary, *Europe since 1945*, Oxford University Press, 2001.
Howard, Michael and W. Roger Louis (ed.), *The Oxford History of the Twentieth Century*, Oxford University Press, 1998.
Jackson, Gabriel, *Civilization and Barbarity in 20th Century*, Humanity Books, 1999.
Maier, Charles, "Consigning the Twentieth Century to History", *American Historical Review* 105–3(2000).
Mazower, Mark, *Dark Continent. Europe's Twentieth Century*, Penguin Books, 1998.
Reflections on the Twentieth Century, *Contemporary European History* 9–3(2000).
Schwarz, Hans–Peter, "Fragen an das 20. Jahrhundert", *Vierteljahresheft fuer Zeitgeschichte* 48 (2000).
Vinen, Richard, *A History in Fragments. Europe in the Twentieth Century*, Little, Brown & Company, 2000.
Wehler, Hans–Ulrich, "Abschied von Nationalstaat?", Suedwestrundfunk SWR2. Aula–Manuskriptdienst (2001).

あとがき

シンポジウムのなかには、長年の研究会活動を踏まえて、成果の一端を学界に問おうと催されるものもあるが、何かの機会をとらえて組織されることのほうがはるかに一般的であろう。本書のもとになったシンポジウムもまた、すでに序章で触れたように、二〇〇一年五月の日本西洋史学会第五一回大会をきっかけに実現した。

二十一世紀の劈頭《へきとう》を飾る西洋史学会全国大会を担当することになっていた東京都立大学では、およそ一年ほど前から少しずつ準備にはいっていたが、そうしたなかで、中野と中嶋はまさに過ぎ去ろうとしていた二十世紀を国家という切り口から検討するシンポジウムができないだろうかと考えるようになった。やがて、二〇〇〇年秋には、木村の助言を得て、現代における国家の正統性を軸にすえたシンポジウムの構想が固まり、二十世紀を全体として展望するという観点を堅持しながら、報告者、コメンテーターの人選、依頼に着手することができた。まず、ヨーロッパの「古典的」近代国家をフランスに代表させつつ、これに米ソの両大国を加えて、三つの国家を主要報告の対象に選びだした。つづいて、福祉国家の代名詞となってきたスウェーデン、およびヨーロッパと接するアジア西端の国トルコを専門としてきた立場からのコメントを配することにした。わたしたちの依頼にこたえてシンポジウムへの協力を快諾された報告者（紀平英作、渡辺和行、石井規衛の各氏)、コメンテーター(石原俊時、新井政美の両氏)に集まっていただき、二度ほど話し合いをもったが、その過程で、第二次世界大戦後の冷戦前半期に焦点を合わせつつ、当時の国家をさしあたり「現代国家」と位置づけるというシンポジウムの基本スタンスが徐々に明確になったのである。

こうして準備を進めるほどに、第二次世界大戦が終わって半世紀以上が経過したにもかかわらず、二十世紀後半にかんする研究蓄積の薄さが実感され、そうした研究状況もあって、シンポジウムは一種の学問的な挑戦といった意味合いをおびていった。こうして迎えたシンポジウム当日の五月十三日には、わたしたちの挑発にこたえて多くの方々が参加され、有益な質疑をおこなうことができた。まことに幸せな一日であった。

ところで、論集とするにあたっては、グローバル化の進む現状を勘案して、西洋近現代史の枠組みをこえてアジア、アフリカ、ラテンアメリカの国々をも視野におさめるべきであると思われた。もちろん、世界のあらゆる地域や国を一書で扱うことなどまったく不可能であり、最終的にはラテンアメリカと英領インド帝国にかんする論考を寄せていただくことにした。二十世紀世界の矛盾に満ちた実相をまた別の角度から照らしだしていただいた。辻豊治、小谷汪之のお二人には深く感謝したい。

歴史家も日々かかわっていく暮らしのなかで考察をおこなうからには、本書におさめられた論考がシンポジウムでの報告やコメントのままであるわけはない。しかしながら、この論集にはシンポジウムの問題提起的な性格が十二分にうけつがれているように思われる。本書がきっかけとなって、二十世紀を歴史研究の対象とする動きがさらに広がり、活発な論議が展開されるならば、編者にとってこれにまさる喜びはない。そもそも歴史を研究する者はもっと積極的に現代の諸問題に取り組む視角や方法を鍛えていかなければならないと考える。そこから多くのものが汲み取れるはずなのである。

さまざまな事情から原稿の集約は困難をきわめた。編集を担当してもらった山岸美智子さんの尽力がなかったならば、本書はこれほど早くかたちをなさなかったであろう。記して謝意を表したいと思う。

二〇〇二年四月

木村靖二
中野隆生
中嶋 毅

中嶋　毅　なかしま たけし

1960年生まれ。

現在，東京都立大学人文学部助教授

主要著書・訳書：『テクノクラートと革命権力——ソヴィエト技術政策史1917-1929』(岩波書店，1999)；R.W.ディヴィス『現代ロシアの歴史論争』(共訳，岩波書店，1998)

新井政美　あらい まさみ

1953年生まれ。

現在，東京外国語大学外国語学部教授

主要著書：『青年トルコ時代のトルコ・ナショナリズム』(レイデン，1992／イスタンブル，1994)；『トルコ近現代史』(みすず書房，2001)；『オスマン vs. ヨーロッパ』(講談社，2002)

辻　豊治　つじ とよはる

1947年生まれ。

現在，京都外国語大学外国語学部教授

主要著書・論文：『ラテン・アメリカ史Ⅱ　南アメリカ』(増田義郎編，山川出版社，2000)；「日本におけるマリアテギの研究と紹介」『関西大学商学論集』40－2 (1995)；'En el umbral entre las Indias y Occidente(インディアスと西洋の狭間で)', *Anuario Mariateguiano*, XI－11 (Lima, Perú, 1999)

小谷汪之　こたに ひろゆき

1942年生まれ。

現在，東京都立大学人文学部教授

主要著書：『大地の子《ブーミプトラ》——インドの近代における抵抗と背理』(東京大学出版会，1986)；『インドの中世社会』(岩波書店，1989)；*Western India in Historical Transition, Seventeenth to Early Twentieth Centuries* (New Delli, 2002)

木村靖二　きむら せいじ

1943年生まれ。

現在，東京大学大学院人文社会系研究科教授

主要著書：『兵士の革命　1918年ドイツ』(東京大学出版会，1988)；『二つの世界大戦』〈世界史リブレット 47〉(山川出版社，1996)；『ワイマール文化』(共著，有斐閣，1987)；『ドイツ史』〈新版世界各国史 13〉(編著，山川出版社，2001)

執筆者紹介(執筆順)

中野隆生　なかの たかお
1949年生まれ。
現在，東京都立大学人文学部教授
主要著書：『世界歴史大系 フランス史 3』(共著，山川出版社，1995)；『講座世界歴史 4 資本主義は人間をどう変えてきたか』(共著，東京大学出版会，1995)；『プラーグ街の住民たち』(山川出版社，1999)

紀平英作　きひら えいさく
1946年生まれ。
現在，京都大学大学院文学研究科教授
主要著書：『ニューディール政治秩序の形成過程の研究』(京都大学学術出版会，1993)；『パクス・アメリカーナへの道』(山川出版社，1996)；『アメリカ合衆国の膨張』〈世界の歴史 23〉(共著，中央公論社，1998)；『歴史としての核時代』〈世界史リブレット 50〉(山川出版社，1998)；『アメリカ史』〈新版世界各国史 24〉(編著，山川出版社，1999)

渡辺和行　わたなべ かずゆき
1952年生まれ。
現在，奈良女子大学文学部教授
主要著書：『ナチ占領下のフランス』(講談社，1994)；『ホロコーストのフランス』(人文書院，1998)；『フランス史からの問い』(共著，山川出版社，2000)；『戦犯裁判と性暴力』(共著，緑風出版，2000)；『エリート教育』(共著，ミネルヴァ書房，2001)；『普遍性か差異か』(共著，藤原書店，2001)

石原俊時　いしはら しゅんじ
1961年生まれ。
現在，東京大学大学院経済学研究科助教授
主要著書：『市民社会と労働者文化』(木鐸社，1996)；『もう一つの選択肢』(共著，平凡社，1995)；『教会』(共著，ミネルヴァ書房，2000)

石井規衛　いしい のりえ
1948年生まれ。
現在，東京大学大学院人文社会系研究科教授
主要著書・訳書：『文明としてのソ連』(山川出版社，1995)；マルク・ラエフ『ロシア史を読む』(訳，名古屋大学出版会，2001)

現代国家《げんだいこっか》の正統性《せいとうせい》と危機《きき》

2002年７月15日　１版１刷　印刷
2002年７月25日　１版１刷　発行

編　者　木村靖二《きむらせいじ》・中野隆生《なかのたかお》・中嶋毅《なかしまたけし》

発行者　野澤伸平

発行所　株式会社　山川出版社
〒101-0047　東京都千代田区内神田１-13-13
電話　03(3293)8131（営業）　8134（編集）
振替　00120-9-43993

印刷所　株式会社　平河工業社

製本所　山田製本印刷株式会社

装　幀　菊地信義

 ISBN4-634-64690-0

新版 世界各国史 全28巻

*は既刊

政治史を軸に、社会・経済・文化にも着目した、世界史を学ぶための基本図書。先史から現代までバランス良く通観する。

四六判　平均500頁　定価：本体3300円～3700円

1 **日本史** 宮地正人編

* 2 **朝鮮史** 武田幸男編

* 3 **中国史** 尾形勇・岸本美緒編

* 4 **中央ユーラシア史** 小松久男編
モンゴル・中国(内モンゴル・チベット・新疆ウイグル)・カザフスタン・クルグズスタン・タジキスタン・ウズベキスタン・トルクメニスタン

* 5 **東南アジア史 Ⅰ** 大陸部
石井米雄・桜井由躬雄編
ベトナム・カンボジア・ラオス・タイ・ミャンマー

* 6 **東南アジア史 Ⅱ** 島嶼部
池端雪浦編　インドネシア・フィリピン・マレーシア・シンガポール・ブルネイ

7 **南アジア史** 辛島昇編
インド・パキスタン・バングラデシュ・ネパール・ブータン・スリランカ

* 8 **西アジア史 Ⅰ** アラブ
佐藤次高編　イラク・シリア・レバノン・イスラエル・ヨルダン・クウェイト・サウジアラビア・バハレーン・カタール・アラブ首長国連邦・オマーン・イエメン・エジプト・リビア・チュニジア・アルジェリア・モロッコ

9 **西アジア史 Ⅱ** イラン・トルコ
永田雄三編　アフガニスタン・イラン・トルコ

10 **アフリカ史** 川田順造編
サハラ以南のアフリカ諸国

*11 **イギリス史** 川北稔編
連合王国・アイルランド

*12 **フランス史** 福井憲彦編

*13 **ドイツ史** 木村靖二編

*14 **スイス・ベネルクス史**
森田安一編
スイス・オランダ・ベルギー・ルクセンブルク

15 **イタリア史** 北原敦編

*16 **スペイン・ポルトガル史**
立石博高編

17 **ギリシア史** 桜井万里子編

*18 **バルカン史** 柴宜弘編
ルーマニア・モルドヴァ・ブルガリア・ユーゴスラヴィア連邦・マケドニア・スロヴェニア・クロアチア・ボスニア=ヘルツェゴヴィナ・アルバニア・ギリシア

*19 **ドナウ・ヨーロッパ史**
南塚信吾編
オーストリア・チェコ・スロヴァキア・ハンガリー

*20 **ポーランド・ウクライナ・バルト史**
伊東孝之・井内敏夫・中井和夫編
ポーランド・ウクライナ・ベラルーシ・リトアニア・ラトヴィア・エストニア

*21 **北欧史** 百瀬宏・熊野聰・村井誠人編
デンマーク・ノルウェー・スウェーデン・フィンランド・アイスランド

22 **ロシア史** 和田春樹編
ロシア連邦・グルジア共和国・アルメニア共和国・アゼルバイジャン共和国

*23 **カナダ史** 木村和男編

*24 **アメリカ史** 紀平英作編

*25 **ラテン・アメリカ史 Ⅰ**
メキシコ・中央アメリカ・カリブ海
増田義郎・山田睦男編

*26 **ラテン・アメリカ史 Ⅱ**
南アメリカ 増田義郎編

*27 **オセアニア史** 山本真鳥編
オーストラリア・ニュージーランド・太平洋諸国

28 **世界各国便覧**